《家长阅读》丛书

学会赞美孩子的技巧

《家长阅读》丛书编委会◎编

河海大学出版社
HOHAI UNIVERSITY PRESS
·南京·

图书在版编目(CIP)数据

学会赞美孩子的技巧 /《家长阅读》丛书编委会编. --南京 ：河海大学出版社，2023.8

(《家长阅读》丛书)

ISBN 978-7-5630-8309-1

Ⅰ. ①学… Ⅱ. ①家… Ⅲ. ①家庭教育－研究－中国 Ⅳ. ①G78

中国国家版本馆 CIP 数据核字(2023)第 152559 号

书　　名　学会赞美孩子的技巧
　　　　　XUEHUI ZANMEI HAIZI DE JIQIAO

书　　号　ISBN 978-7-5630-8309-1

责任编辑　吴　淼

特约校对　程晓霞

封面设计　徐娟娟

出版发行　河海大学出版社

地　　址　南京市西康路 1 号(邮编:210098)

电　　话　(025)83737852(总编室)
　　　　　(025)83722833(营销部)
　　　　　(025)83786652(编辑室)

经　　销　江苏省新华发行集团有限公司

排　　版　南京布克文化发展有限公司

印　　刷　江苏农垦机关印刷厂有限公司

开　　本　880 毫米×1230 毫米　1/32

印　　张　2.75

字　　数　59 千字

版　　次　2023 年 8 月第 1 版

印　　次　2023 年 8 月第 1 次印刷

定　　价　15.00 元

《学会赞美孩子的技巧》编委会

前　言

家庭是社会的基本细胞，家庭承载着国家与民族的前途和希望。“天下之本在国，国之本在家”“家和万事兴，家齐国安宁”。以习近平同志为核心的党中央高度重视家庭、家教和家风建设。在2018年全国教育大会上，习近平总书记对家庭教育作了“四个第一”的精辟概括。他指出，家庭是人生的第一所学校，家长是孩子的第一任老师，要给孩子讲好“人生第一课”，帮助扣好人生第一粒扣子。在2015年春节团拜会上，习近平总书记谆谆告诫大家：不论时代发生多大变化，不论生活格局发生多大变化，我们都要重视家庭建设，注重家庭、注重家教、注重家风，紧密结合培育和弘扬社会主义核心价值观，发扬光大中华民族传统家庭美德，促进家庭和睦，促进亲人相亲相爱，促进下一代健康成长，促进老年人老有所养，使千千万万个家庭成为国家发展、民族进步、社会和谐的重要基点。

2021年10月23日，第十三届全国人民代表大会常务委员会第三十一次会议通过了《中华人民共和国家庭教育促进法》（以下简称《家庭教育促进法》），标志着家庭教育真正地由“家事”变成“国事”。

认真学习习近平总书记关于家庭教育的系列重要讲话精神，全面贯彻落实《家庭教育促进法》，进而实现中华民族伟大复兴的中国梦，是我们编纂《家长阅读》丛书的初衷。

坚持科学性、知识性、趣味性，立足高品位，弘扬正能量，博采天下家教精华，读者朋友喜闻乐见，成为“家长的益友，家教的良师”，是《家长阅读》丛书的编纂宗旨，也是《家长阅读》丛书不懈追求的目标。

家庭教育是一切教育的基础。家庭教育决定孩子的未来。走进新时代，如何做一名合格的家长，是每一位负责任、有担当的家长不能回避的问题。

为国教子，是新时代家庭教育的价值取向。坚持为家教子与为国教子的有机统一，坚持个人成长与社会进步的有机统一，万户千家共同发力，各方能量竞相叠加，才能形成民族前行的磅礴之势。

立德树人，是新时代家庭教育的核心要义。家长要善于掌握规律，科学育德，灵活育德，根据新时代儿童成长特点，培养孩子高尚的操守和优秀的品格。

以身垂范，是新时代家庭教育的基本方法。家长要秉持正确的世界观、人生观、价值观，谨言慎行，防微杜渐，言传身教，做好表率。

本套丛书的编纂工作，得到河海大学出版社的鼎力支持，国内著名家庭教育专家赵忠心、赵刚、卢勤、王大龙等老师也倾力相助，在此谨致衷心的感谢！

《家长阅读》丛书编委会

目　录

第 1 章　家教视点

引言：正确有效的夸赞，可以培养孩子的自信；方法得当的引导，可以让孩子确立远大理想；适时的发现与表扬，可以增进亲子间的情感……家庭教育中，我们有些家长意识不到夸赞激励、发现引导对孩子成长的重要作用。本书中，我们特约请李一凡等专家、学者，就家长如何学习和掌握赞美孩子的艺术发表真知灼见。

家长要学会对孩子积极赞美

莎士比亚曾经说："赞美是照在人心灵上的阳光。没有阳光，我们就不能生长。"每个人在成长过程中都需要赞美，都渴望被赞美，无论成人还是幼童，都能从赞美中获得滋养、汲取能量，成为更好的自己。赞美，因此也成为家庭教育中重要的组成部分，它是亲子关系的润滑剂，是亲子沟通的桥梁，更是家庭营造积极情绪氛围和激励场域的重要媒介，对孩子一生的成长都具有重要意义。

积极赞美有利于孩子自我意识和人格的发展

美国社会心理学家库利在“镜中我”理论中曾指出，个体的自我观念是主客观结合的产物，是在与其他人的交往中形成的。就像我们从镜子里看到自己的长相，一个人要形成和发展自我意识，需要在社会互动中把自己视为一个客观对象，想象别人如何看自己，将别人对自己的看法和态度作为自我认识和评价的参照。

个体的自我意识建立是逐步发展的过程，对他人反馈的需要和态度也呈现出不同阶段的变化，在一定程度上决定着是否能够建立健康的人格和个性。刚出生到婴儿期的孩子是没有独立的自我意识的，他们的行为并不寻求他人的注意和赞许，是感官愉悦支配取向的；随着自我意识的萌芽发展，孩子开始将自我与他人、与世界相区分，开始希望能够按照自己的意图行动并被父母赞许、鼓励，获得成功，从而形成自主感和主动性。比如他们自己把饭吃完，会仰起头寻求家长的赞赏：“看，是我自己吃的！”用乐高拼一艘军舰，会高高举起来展示：“看，我拼的军舰会开炮！”整个幼儿期，孩子的自我评价都极大依赖于成人的外在评价反馈。

伴随年龄的增长，他们的认知发展和独立性逐渐增强，在与他人的互动中也越来越能够保持思维的活力，获得各种差异比较和关系视角。他们越来越关注客观事实和细节，而不是绝对的权威和笼统的言辞；他们也越来越善于体察、反思对自身的认识和感受，并将其与外界环境的反馈相整合，最终实现自我同一性。比如有一个女孩子为好朋友打抱不平、据理力争时，家长赞美她：“你的好朋友有你这样的朋友多幸运啊！”这个女孩子却说：“我们是平等的，您不能把我说得好像高人一等。”再比如有个男孩子在语言学习上很有优势，家长很希望孩子将来学中文或外文，但男孩子却说："我觉得我应该还有其他兴趣和优势，我想再探索探索。"

对自身有充分的了解，并确立笃定的价值观和信念，听从内心的声音，不随波逐流，不依附于他人，是一个人获得健康生活和幸福人生的基础，而这些都有赖于早期在家庭教育中获得的积极反馈和赞美，从而帮助其建立安全感，树立自尊和自信，形成自我价值感。

如何给予孩子积极的赞美

第一，赞美应建立在独立平等的人格的基础之上。家长要认识到，赞美并不是家长权威高高在上时对孩子的一种奖赏，而是家长与孩子作为独立个体，在平等互动的过程中，发自内心的一种欣赏和认可，既不应有施舍、敷衍之感，更不应有讨好、交易的功利心。因为你赞美他并不是因为他满足了你的期待，符合了你的标准，而是因为他本身具有美好的品德、言语和行为。

第二，赞美应关注孩子努力的过程，而非天赋和结果。有些家长喜欢把"宝宝好聪明！""你真有天赋！"这样的赞美挂在嘴上，久而久之会让孩子误以为成功很简单，不需努力，但现实又很残酷，他们惧怕因为失败而不再被认为聪明，于是就会逃避挑战，变得被动、退缩。相反，如果父母更关注孩子做事情的过程，尤其对孩子的专注、努力、坚持表达赞美之情，那么孩子也会形成积极主动的意识，不论结果如何都敢于挑战和尝试，因为他们已经在父母的赞美反馈中认识到自身的努力更重要，也更有力量和把控感。

第三，赞美应注重客观事实，具体而明确。过于笼统宽泛的赞美难免让人觉得虚伪、敷衍，家长只有关注了孩子努力的过程，才能观察、发现孩子的哪些想法、哪些行为表现是好的，是值得赞美的；而孩子也只有在家长具体明确的赞美描述中才能真正感受到家长的尊重，知道自己做什么是对的，是适宜的。比如家长赞美孩子："你半个小时一直在专心读书，虽然有不认识的字，但查了字典，坚持把这个故事读完了！"家长基于真实情境对孩子行为的认可和赞美，进一步强化了孩子对阅读的热爱，对专注坚持做完一件事的体验，并使其形成了困难不可怕，想办法努力就能解决问题的意志。有些家长也很注意赞美，奉行鼓励式教育，但却夸大事实或者假装孩子做得很好，这样不仅不会起到任何激励作用，反而有可能会招致孩子的反感，甚至还有可能给孩子传递虚伪、功利的价值观。

第四，赞美应把握最佳时机。过多、过于频繁的赞美会显得很廉价，家长应避免主观随意性，掌握赞美的最佳时机。一般刚开始学习某项技能，完成某件作品，挑战更高难度的任务，克服某个困难解决了问题的时候，是孩子最希望获得家长关注、认可、赞美的时刻。家长要及时给予反馈，形成正向强化，如果错过时机，时过境迁，激励作用就会被大大削弱。

第五，赞美应以爱为基础，具有多元开放的视角。美国著名理论物理学家列纳德·蒙洛迪诺曾提出一个概念——弹性思维。这是一种富有张力的思维品质，具备这种思维品质的人能够打破条条框框，跳出思维定式来看问题。纪录短片《成为詹森先生那样的人》的主人公克莱特·

普弗是一个世界著名鼓手，他小时候上课时总是情不自禁要敲桌子，常常被老师和同学排斥。詹森老师送给他一对鼓槌，告诉他："你是天生的鼓手。"詹森老师对普弗潜能的发现和赞赏最终使他成为一名享誉世界的专业鼓手、主持人和著名演说家。我们身边有很多家长都对孩子抱有较高的期望和评价标准，满眼都是孩子的缺点和不足，更吝于赞美孩子，导致孩子处于反复的挫败和打击中，亲子关系紧张。家长只有摆脱固有的价值体系，以爱为基础，拥有多元开放的视角，才能给孩子营造更安全的环境，使其充分释放自身潜能，找到自己的发光点。

第六，赞美的语言和方式应丰富多变并有创意。赞美的语言简洁有力，直指孩子的言行，能给孩子鲜明的强化，比如家长说："你的书写干净漂亮，看上去真舒服！"赞美的语言饱含深情，能营造浓厚的情感氛围，比如家长说："你专心致志的样子像科学家一样迷人！""你帮我把厨房收拾得干干净净，然后又去写作业了，这么懂事体贴，自觉而让人省心，妈妈心里乐开了花！"除了语言，家长的眼神、表情、动作都能传达对孩子的赞美。家长还可以通过写信、赠送小礼物表示对孩子的赞美。总之，一成不变的、空洞的赞美会导致麻木，而丰富多样的赞美则能给孩子带来新鲜感，增添生活中的美感和趣味。

赞美是家长在孩子社会化过程中常用的一种教育方式或沟通方式。积极赞美不仅是孩子内心坚定自信的来源，也是孩子学习内省、自我管理的有效支持。积极赞美并不是让孩子始终依赖外在的反馈，而是让孩子最终建立起内心积极的自我接纳和自我欣赏，淡定从容地迎接生命中的多种可能，最终成就自己独特的人生。

（李一凡）

数子十过，不如奖子一长

那一天，儿子兴冲冲跑回家对着我喊："妈妈，我今天举手发言了两次。""太棒了！"我顾不得正在洗菜的湿漉漉的双手，一把抱起儿子，在他激动成红苹果的小脸上"叭"地亲了一口，"以后要继续保持哦。"儿子郑重地点着头，那闪亮的黑眼睛是那么清澈。

"今天怎么会发言呢？"后来我很好奇地问儿子，他一向胆小，上课从来不发言。

儿子羞涩地笑了："老师说哪个小朋友积极发言，晚上家长就会表扬谁，我想被表扬。"

孩子是多么渴望被表扬呀！其实不只是孩子，现代心理学研究发现，人类本性中都渴望受到夸奖。美国著名心理学家威廉·詹姆斯甚至认为："人类本性中最深刻的渴求就是受到赞美。"赞美如同催化剂，可以激发出人们巨大的潜力，使人们取得出人意料的进步。

清朝思想家、教育家颜元说过："数子十过，不如奖子一长。"意思是说，数落孩子十个错，其作用不如赞美、夸奖孩子的一个长处。

事实也确实如此，我的孩子就是在不断的实事求是的赞美、激励之下，终于走出了胆小、自卑的状态，成长为阳光大男生。

不过，赞美也是一件技术活，恰如其分的赞美可以让孩子感到自豪，增强孩子的自信心，并持续作出努力，为孩子的成长插上有力的翅膀。可不恰当的赞美不但无益，反而还可能产生一些副作用。

那么，我们到底该如何把这件技术活做完美呢？我觉得应该主要关注这几个方面。

一、表扬必须具体实在，避免空洞式表扬

表扬必须基于客观存在的事实，否则容易让孩子感觉虚假。比如你随口来那么一句“我儿子可棒了！”，这样的表扬没有实际内容，会让孩子觉得你夸张了，而且不会对他以后的行动有指导意义。

但是，如果不爱喝牛奶的孩子主动拿牛奶喝了，你表扬他：“小伙子真棒，自己拿牛奶喝，有益健康。”这种表扬让孩子心里踏实，也知道以后该怎样做，这才是有效表扬。

因此，每次表扬的时候，我们都应该从实际出发，尽量提供具体的内容。我们可以使用数据、实例等进行表扬。比如，孩子在学习上取得了进步，我们可以对他说：“这次考试中，你总成绩的排名提高了10位，真不简单。”比如，孩子写了一篇不错的文章，比起笼统地夸奖“这篇文章写得真好”，我们这样说的效果也许更好：“这篇文章的结尾令人眼前一亮，语言也很美，比如这几个拟人句……”

二、注意表扬的时效性

这一条对年龄越小的孩子越重要。我们应该在事情发生的当下，立刻就进行表扬。

孩子小的时候不小心摔倒了，咧着小嘴要哭，我们总是蹲在他旁边鼓励：“宝宝是男子汉，我们不哭，我们跌倒了要自己爬起来！”

当他果真自己咬着牙爬起来的时候，我们总是对他竖起高高的大拇指，热情而大声地表扬：“宝宝太厉害了，自己爬起来的，没有哭，真勇敢！”

经过多次这种夸奖、激励之后，再跌倒了他就会一骨碌自己爬起来，不会哭，也不会期待你去帮忙。

相反，如果当时我们没有表扬，等后来想起来时再表扬，孩子对这件事的感受已经没有当时那么强烈了，夸奖的效果也就大打折扣了。

三、制造拐弯的表扬

有一种现象很奇特，就是你从别人的口中听到了其他人对你的夸奖，你会更开心、更激动，受到激励的效果也更强。

我们可以利用这一现象，有意制造一些拐弯的表扬。比如，我们可以请亲戚朋友对孩子说："听你妈妈说你特别有爱心，上一次看到了流浪猫，非要抱回去养，真是一个善良的孩子。""听你爸爸说，你这一阶段学习特别认真，每天晚上都学习到十点半，真是一个懂事的好孩子。"

四、注意表扬的内容

表扬是一种肯定、一种激励，孩子会顺着这种表扬指引的方向努力下去。所以我们应该侧重表扬孩子的行为、品质、个性、专长等等，以便培养出一个健康、积极向上、能够充分发挥个人优势、具有人格魅力的孩子。比如我们可以表扬孩子做事认真、口才好，性格阳光、勇敢、温柔，有错就改、勇于道歉，言必信、行必果……而对孩子的外表，我们不应该给予过多的表扬。这主要是为了防止孩子过度追求外表的美丽，忽视对内在美的追求。因为我们想培养的是内外兼修的孩子，而不是"金玉其外，败絮其中"的孩子。

五、表扬要有适当的频率

适当的表扬频率是一种有效的表扬策略，这么说是因为人类的“适应性效应”——我们对刺激的反应会随着时间的推移而减弱或消失。也就是说，如果我们频繁地表扬某人，等于让其逐渐适应了这种表扬，从而会减少表扬的效果。例如，如果一个人每天都被表扬，那么表扬的效果可能会比仅在特定场合或特定事件发生时进行表扬的效果差。

所以，表扬孩子一定要有适当的频率，不可以过于频繁。

六、表扬的态度要真诚

人类有一种强烈的自我价值感和荣誉感，因此，我们更愿意接受和相信那些真诚的表扬，而不是虚假或表面的赞美。当我们接受真诚的赞美时，我们更容易相信自己的能力和价值，从而更加自信和积极。

孩子就是一个个可爱的小精灵，他们虽然小，但他们的感觉却非常敏锐。所以我们对他们的表扬一定要发自真心，最好是看着孩子的眼睛，或者摸着他们的头，面带微笑，热情地说出赞美的话语，千万不能敷衍，否则很容易变成无效表扬。

表扬对于孩子的成长真是太重要了。我很喜欢泰戈尔在《飞鸟集》中所说的：“不是槌的打击，乃是水的载歌载舞，使鹅卵石臻于完美。”

那么，为了让我们的孩子优秀，让我们努力做那载歌载舞的水吧。

（朱洪昆）

表扬孩子有艺术

没有人不希望听到别人表扬自己。美国作家马克·吐温说过:“一句好听的赞辞能使我不吃不喝活上三个月。”这句夸张的话体现了“表扬”的魅力之所在。

表扬是一门艺术,一句好的表扬,可以有效地保护和调动孩子的积极性,激发其创造力和表现欲,不仅能使其享受成功的喜悦,也能促进其人格、性格的健康发展。

作为家长,我们必须掌握表扬孩子的艺术,只有恰当、及时的表扬,才能起到事半功倍的效果。

首先,表扬要及时。我的孩子喜欢摆弄机械,当他把电路(直流电)接通以后,灯泡大亮,风扇旋转,他便高兴地大叫,此刻,必须有掌声和赞美声!如果我视而不见,不及时表扬,孩子的兴趣就会在无形中败落,其动手能力就会没有持续性……

我们必须怀着期许的心,睁大满足的眼,欣赏孩子在各方面的成功。

其次,表扬一定要具体。表扬要就具体的事件或行为进行,尽量不使用一些笼统的语言,比如“你今天真棒”“你真是个好孩子”等,就大而无当。要具体说出棒在哪里或好在哪里。比如孩子在语文测试中取得了一个较好的成绩时,要仔细审阅试卷,发现其进步的地方:字体写得比之前认真端正;造句新颖别致;思维能力、想象能力提高了,能触类旁通,举一反三……要就进步的具体方面进行表扬,让孩子充分认识到这样做的意义及价值,继续朝着这个方向努力。

此外，表扬一定要真诚。表扬一定要发自内心，不能敷衍。我们不能一边看着电视或一边刷着微信，头也不抬地喊一句“孩子，你今天真棒”。这样不仅起不到任何作用，可能还会吓着孩子。请放下手中的事情，真诚地看着孩子，面带微笑，用充满喜悦、阳光的声音说出你对孩子的夸赞，让孩子真正感受到你为他的点滴进步高兴。同时，结合孩子的年龄特点和我们自身的习惯，还可以配上适当的肢体语言，小小的物质奖励等，比如给孩子竖一下大拇指，一点响亮的掌声，一个热情的拥抱，一根香甜的棒棒糖，都能让孩子体验到进步带来的成就感。

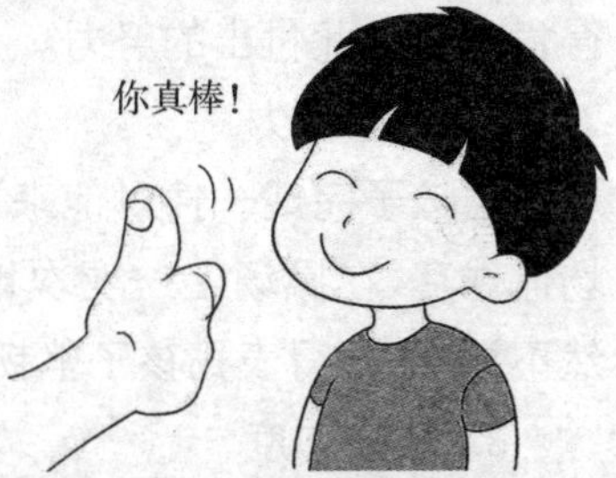

需要注意的是，不要通过把孩子和他人作对比来夸奖和表扬。比如“你今天穿衣服比哥哥快，你真棒”。父母通过把孩子拿来对比而进行夸奖，就把孩子放在了同他人比较、竞争的位置上。孩子的目标就变成了要超过他人，比他人表现得更好。孩子更在乎的仅仅是一个结果，而不是整个过程。多子女家庭中，孩子之间对比的夸奖，也不利于孩子之间情感的培养，易导致大家都在比较谁比谁厉害，谁更能够得到父母的喜欢。长期这样，孩子即使长大了，也会一辈子活在和他人的比较中。回顾我们的成长经历，我们基本都是在父母的比较中长大的。然而比较并没有给我们内心带来踏实的幸福。相反，我们一直在竞争、比较，想超过身边的人，比他们有钱，比他们幸福。正是因为这样的比较，我们无形中失去了很多快乐。想让自己的孩子幸福，就避免将其与他人对比的夸奖吧。不把自家的孩子跟外面的人比较，要更多地让孩子和自己比，追求今天的自己比昨天进步。

当然，表扬还要掌握一定的度，既不能太少，也不能泛滥。表扬也要结合孩子的性格特点，对不同性格的孩子可以给以不同方式的表扬，既可以娓娓道来，也可以激情四射。只要能让孩子在表扬中感受到我们真诚的爱，获得付出就有回报的成就感，充满自信，向着更好的方向努力就好。

最后，简要摘录一下斯坦福大学卡罗尔·德韦克教授倡导的 8 种表扬孩子的方法：

1. 表扬努力

当孩子获得了好成绩时，不要说“孩子，你真聪明”，请记得肯定他为此付出的努力。

2. 表扬毅力

当孩子完成一件对他来说很有挑战的事情时，比如打一场篮球赛，在操场上一次次地跌倒和爬起，失败无数次后依然不放弃，记得表扬孩子坚韧不拔的毅力。

3. 表扬态度

当孩子对面临的任务能够忘我地投入时，比如，孩子在认真地弹钢琴，不要忘了抓住机会赞美孩子：“宝贝，你的态度很端正哦。”

4. 表扬细节

当孩子在某方面的能力有所提高时，表扬细节，越具体越好，比如“宝贝，你现在越来越会整理房间了，可以把桌椅摆好，还能把玩具摆放在箱子里，进步很大”。

5. 表扬创意

在所有人当中，儿童的想象力最丰富。孩子的奇思妙想天马行空，最容易让人将其跟“聪明”挂钩。其实，一个想象力丰富的孩子，有很多的思考和积累，奇思妙想是孩子在尝试无数个可能性方案之后才收获的脑洞大开！所以，当一个孩子有不切合实际的想法时，不要轻易打断孩子，而要鼓励孩子继续思考，表扬他新颖的创意。

6. 表扬勇气

当一个孩子不敢开口唱歌时，家长不要批评、指责孩子，而要鼓励孩子大声歌唱："宝贝，你现在唱歌的声音越来越大了。"表扬孩子的勇气，最能够激发孩子的潜力，增加孩子的自信心。

7. 表扬合作精神

孩子从上幼儿园开始，就等于迈入了一个小社会，他不再是一个人玩玩具，一个人做游戏，而是与自己的同伴一起做事情。当孩子与同伴共同完成一个小实验时，告诉他："你和小朋友共同配合，你们为了一个目标而努力，这种精神是很可贵的！"在未来，一个人无论多么能干，也不可能独自完成所有的事情，请一定要抓住机会肯定孩子的合作精神！

8. 表扬过程，而不是结果

表扬孩子成功的过程，不要直接告诉他结果。当孩子积极踊跃地参加活动，并在活动中表现不错时，一定要鼓励他参与的过程，而不是夸奖结果。比如孩子参加数学竞赛时，询问孩子的解题思路："你是用什么方式算出这道题的？"这种表扬方式，避免孩子把注意力集中在分数上，而是从侧面培养他找数学规律的兴趣。

家长们必须记住：每一个孩子，都渴望被赞美！

（徐继刚）

让赞扬成就孩子美好的人生

著名心理学家杰斯·雷尔评论说:“称赞对温暖人类的灵魂而言,就像阳光一样,没有它,我们就无法成长开花。”事实的确如此。一次恰当的赞扬,常常能鼓起孩子奋斗的风帆。对孩子而言,获得家长的赞扬,不仅是一种荣誉的享受,更多是对其个人价值的评定。给孩子一个“美名”,让他们为此而奋斗努力,这应该成为当代家长的普遍共识。

家长应该树立正确的育儿观,平等对待每一个孩子,既要赞扬每个孩子的优点,又要耐心地帮助他们克服缺点。赞扬能起到发扬孩子优点的作用,可以使孩子巩固已有的进取精神。但是,赞扬太多,奖励频繁,往往适得其反。家长对孩子的赞扬,是一门学问。要想通过赞扬的方式来激发孩子的生活热情和学习兴趣,就必须做到客观、公正、及时、真挚。

孩子在学校取得较好成绩或受到赞赏和表扬时,大多数愿意与父母公开,而犯了错误或遭受了冷落时,一般不大愿意告诉父母。究其原因,这与家长对孩子过失的态度有关。孩子什么时候最需要父母的爱心?并不是他们取得较好成绩的时候。取得好成绩、被老师表扬、被同学赞赏的时候也是父母付出爱心最慷慨大方的时候,而此刻孩子本身并不觉得有多少感动。相反,孩子遭受了失败,在此刻最需要父母理解与关心,而做父母的往往是严加训斥,更谈不上在此刻去理解、关心孩子的心情。正确做法是,当孩子得到了表扬时,应多鼓励、少承诺,提出新的努力目标;当孩子失败时,不要立刻去批评指责,而要站在平等的立场去谈心、开导,使孩子觉得成绩来之不易,要靠一番拼搏才能取得。

对孩子的优点要正确赞扬

在平时的学习、生活中,孩子渴望家长对自己良好的思想、良好的行为、良好的成绩以及某种进步给予赞扬或作出肯定性评价。对孩子进行合理、适度的赞扬和欣赏,能促进孩子的身心健康;反之,则会影响孩子的健康发展。大人对孩子取得的荣誉、成绩、良好行为表示欣赏、赞美和夸奖,是一种正面的肯定,是一种积极引导的方法。因为,对孩子适当地赞扬与欣赏,可以强化其获得荣誉与成绩的情感,激发其继续尝试的积极性。

家长赞扬孩子的优点时,应注意以下几点:

1. 赞扬要慎重。我们赞扬孩子时要表扬其事,不要表扬其人。表扬他所做的好事,如表扬他字写得端正,文章写得优美,举止得体,乐于助人等。表扬进步,特别要注意表扬孩子知错就改的勇气、迎难而上的毅力等。

2. 赞扬要及时。家长要经常注意观察孩子的行为表现,在其出现好的行为时要及时给予表扬。譬如,孩子发现地上有纸屑,他不声不响地拾起来丢到纸篓里;妈妈给孩子买新图书,他能和小伙伴一同阅读分享……家长见到这些情景,就要及时予以表扬。

3. 赞扬要适度。家长对孩子的表扬不能任意拔高,或无限上纲,而应在事实的基础上,进行理性的升华。对孩子的优点要表扬,但应有分寸。凡是孩子应该做到的事就不必表扬。凡是克服一定困难而表现出来的优点就可以表扬。在具体表扬时要把握一个“度”字。有的家长为了博得孩子的欢心,就会给孩子戴高帽子,滥表扬,长期下去就会使孩子错误地认为自己什么都好,更以为表扬的话只能对他一个人讲，看见老师表扬、称赞其他的孩子就会产生嫉妒心，甚至讽刺、挖苦别的孩子，这些情况往往是家长平时随意恭维孩子所产生的副作用。

4. 奖励要得当。家长在正确使用赞赏、肯定的基础上，还可以适当采取奖励的方法。奖励是为了鼓励孩子的优点而给予的荣誉和奖品。给孩子的奖励，应有利于孩子身心健康发展。如孩子冬天不怕寒冷，坚持早晨锻炼时，父母可以奖给他一双新运动鞋。孩子改掉磨蹭的坏习惯时，父母可以奖给他玩具或图书。孩子在学校被评上"三好学生"时，父母除了给予他言语表扬外，还可以带他去超市，让他自己选购喜爱的物品。对年龄较小的孩子，切不可一味用金钱去奖励。当然，家长对孩子进行奖励时，还应视孩子的具体情况，提出更高的目标，指明今后努力的方向。

对孩子的缺点亦可巧妙赞扬

对孩子的优点和进步，家长经常会给予奖励，或以温和、热忱、表扬的方式支持他们。然而，金无足赤，人无完人。我们每个人都有自己的缺点和不足。为了塑造更优秀的自我，就需要改正缺点；而改正缺点，需要决心、信心、勇气和毅力。家长面对孩子的缺点时，要学会保护他们的自尊心。即使对错误颇多的孩子，也应当爱护他们的心灵深处那个最敏感的角落——自尊心。家长要设身处地地替孩子着想，消除孩子的自卑，让孩子真正地"抬起头来走路"。

如同石头被撞击而迸发出耀眼的火花一样，孩子的潜能也需要一种刺激才能有效地发挥出来。这就期冀我们能够善于观察孩子微小的变化，善于用辩证的、发展的眼光去看待孩子。其实，家长如果不时地使用某些特殊的赞扬方式，或许能够获得"点石成金"的神奇效果。

某校有位“后进生”，学习不努力，经常翻墙逃学，多次被班主任教育，仍然进步不明显。一天，他翻墙进校，被学校值班的领导发现后送到了班上，同学们议论纷纷。事后，班主任了解到，原来他来校时迟到了，当时校门口正统计各班迟到的人数，他怕影响班级荣誉，又怕耽误上课，就翻墙了。针对这件事，班主任对全班同学说：“过去王某某翻墙，今天又翻墙，但这不是简单的重复错误。过去他是向外翻，是逃避上课，去玩；今天他是向里翻，是为了学习，为了维护班级荣誉，这是个很大的进步。”老师的话使他当场激动得流下了热泪，后来他上进的步子迈得越来越大。

看，多神奇的表扬语！这位老师竟然能从一个学生“向外翻”与“向里翻”的动作中，看到一个质的变化，美与丑的区别。其实，心理学家早就指出过：褒奖的方向最好针对对方的潜在能力，夸奖他本人暗自注意的事，这样他一定会非常感激，下决心要把这事做得比以前更出色。遗憾的是，我们不少的家长却很少、很难像这位班主任一样做到这一点。

俗话说：“自卑，是剪了双翼的飞鸟，难上青天。”家长应该清醒地意识到：自卑是孩子成才的大忌，唯有激励、赞扬能够改变孩子的未来。在家庭生活中，倘若既让孩子感受到父母的亲情温暖，又使他们感到父母严格要求的良苦用心，父母的教育定能产生巨大的激励作用，增强孩子的信心。

赞扬，可使孩子聆听阳光的问候，欣赏落叶的轻舞；赞扬，可使孩子抚平心灵的创伤，触摸生命的真谛；赞扬，可使孩子体悟浓郁的亲情，享受成功的喜悦：赞扬定将成就孩子美好的人生！

（蒋建飞）

家长要学会激励孩子

鼓励和表扬是教育孩子行之有效的“法宝”，家长应在教育子女时常用、多用。

我国教育家陈鹤琴先生说过：“随便什么事，你要小孩怎么做，做什么样的人，学什么样的事，求什么样的知识，研究什么样的问题，你都要有一个法宝——鼓励。”孩子需要成人的爱护和激励评价，需要成功的喜悦作动力。父母的鼓励与表扬可以帮助孩子建立自信心和积极的自我评价。为了适应孩子这一心理特点，在教育的方法上，应该多给孩子一些鼓励和表扬。

所以，家长要学会使用一种夸奖孩子的话语与方式。

那么，如何正确鼓励和表扬孩子呢？

第一，表扬具体，而不是表扬全部。我们经常听到家长表扬孩子“你真棒！”“你真好！”但往往是表扬完了，孩子仍然一头雾水，不知道因为什么受到表扬。如果家长能具体到对孩子做的事情进行表扬，那孩子就会对自己的行为认同，也会慢慢形成习惯。比如说，“你今天跟同学一起讨论问题，妈妈觉得你做得很棒。”

当孩子出现了家长期望的行为时，应表扬其这方面的行为，而不应含糊其词地表扬其整个人。如“你真是好孩子”“我儿子真行”“我女儿真听话”……对于孩子来说，他们不能分清具体行为与整个人的关系。他会理解为自己什么都行，以致最后往往出现“翘尾巴”的现象。孩子今天做到了认真做作业，家长应表扬“今天你做数学作业真认真”，而不应表扬“你真用功”。

第二，表扬孩子努力，而不是表扬孩子聪明。很多父母会夸孩子“你真棒！”“这孩子真聪明！”“真不错，你很有音乐天赋啊！”其实这些都是不正确的表扬，是在夸奖孩子的聪明。这种表扬，是在给孩子灌输固定型心智模式，会让孩子认为自己的成绩都是聪明带来的，因此，不愿意再去努力。

正确的表扬方式应该是“你古诗文背得真熟练，是你花了那么多时间背诵的结果啊。”“你确实很喜欢计算，经常练习，所以算得这么快啊。”……这就是在帮助孩子构建成长型心智模式，让孩子知道之所以做得好，是因为自己努力，这个成绩来自努力。

第三，表扬过程，而不是表扬结果。家长要表扬孩子努力成功的过程，不要直接告诉孩子结果。比如孩子做数学题时，会催着家长说出结果对与错，这时候，家长要让孩子解释是怎么一步一步做的，等到他把计算过程说出来之后，家长可以说：“很好，这个方法很不错，还有什么别的方法吗？”孩子就会开始想另外一种方法。这种表扬方式，就是让孩子不要过于在乎分数，而是培养他的学习兴趣，并且把他的注意力引导到过程上去。

如果只是简单地告诉孩子结果，比如“你这次一道题都没错”。时间久了，孩子一出错就会出现情绪变化，因为他的重点不在体会知识本身的美，而在“不能出错”，渐渐地他就会害怕出错，开始避免挑战了。

第四，表扬成长，而不是表扬表现。想要孩子勇敢地迎接更大的挑战，就要表扬孩子的进步和成长，而不是某一次任务当中的分数或者表现。我们拿练习钢琴来说，有的孩子弹错几个音就会很沮丧，纠结在那几个音上，每次都弹不到后面的小节。这时候，家长就要先安慰孩子："有的时候有点错没关系，我们可以先记下来，接着往下弹。"家长要帮孩子分析错误，找到问题所在。最后家长可以跟孩子说："我们是在错误中学习，你看上次你在第五小节没弹好，这次就弹得特别顺畅，说明你把这个漏洞补上了。"让孩子知道家长在乎和关注的并不是他一时的表现，而是他的成长。看到孩子的进步，让他能够养成从错误中学习和成长的习惯，那才是真正关系到他一生成长的关键。

如果孩子弹得很完美，家长也不要只是简单地说"你弹得真棒，一个音都没错"，而要说："你比上次进步很多，上次你有五个地方没弹对，但是这一次你把这些漏洞都填补上了，这个进步很大。"这样就把孩子的注意力转移到进步的过程上了。

当然，赞扬、夸奖孩子要遵循一些原则：

1. 赞扬孩子时态度要真诚。家长要用真诚的态度对待孩子，诚实并且发自内心地说出自己的感受，比如可以跟孩子说："我为你能按时完成作业感到高兴。"当家长的赞扬非常具体时，孩子会觉得真诚而有力。

有些孩子长期受到指责后，家长和老师可能容易走向另一个极端，对孩子行为的表扬不客观，反而使孩子感到难受，以为家长和老师缺乏真心实意，这样的表扬反而是有害的。

2. 赞扬要适度。为了避免让孩子觉得家长的赞扬很虚伪，在对孩子作出了积极评价后，家长就不要再提此事。比如家长只要简单说一句"今天你做事非常有耐心"，就足以鼓励到孩子。对于同一件事情，不要一次又一次地提起，否则反而会削弱赞扬效果。

3. 抓住时机，及时表扬。赞扬、鼓励孩子越及时越好，家长在看到孩子的积极行为后，要尽快赞扬孩子，拖得越久，家长通过赞扬激励孩子积极行为的影响力就会越弱。比如看到孩子自己学会查资料解决问题，家长可以马上就赞扬孩子："我注意到你刚才自己学会了解决问题。"这样就能向孩子传递一个信息：家长时刻都在关注着他，他是很重要的。

4. 赞扬的形式要多样化。家长要给予孩子各种形式的赞扬，如果家长每次表扬都说"你很棒"，孩子就会认为家长只是习惯性地表扬，甚至会认为家长是在敷衍自己。表扬不只是语言上的表达，也可以包括非语言的表达。对孩子的进步、正确行为的表扬、鼓励有时不必很正式，可以对他报以一种肯定与信任的微笑，可以点头示意表示赞赏，可以给予一个亲切的抚摸动作，让孩子体会到家长对他的肯定和鼓励。

有些问题，还需要家长注意：

1. 善于发现孩子的优点。孩子毕竟是孩子，他有的时候无法做到如家长所期望的，当他们很努力在做一件事又没有做好的时候，家长要尽可能去看到他好的一面。例如孩子学习炒菜，结果盐放少了，一个智慧的妈妈会说："没关系，再放一点就好了，你长大了，都能帮妈妈分担家务了。"

家长要表扬孩子每一个微小的进步。孩子老不爱做作业，尽管今天仍然是不情愿地做作业，但他毕竟拿笔坐下来了，就必须表扬。

2. 赞扬孩子时要让孩子知道他的行为对家长有帮助。比如孩子收拾好了书桌，家长就可以跟孩子说："谢谢你自觉整理好了桌上的书本。当你做这些时，真的帮了我的大忙，让我腾出了时间去专心打扫厨房。”

3. 包容孩子。当孩子在做某件事情上失败后，家长要学会包容他，而不是一味指责他。在他失败后适当鼓励一下他，这样可以保证他的自信心不会受到太大的打击。这样适当包容他，适当鼓励他，才能让他再接再厉。

4. 换个角度。小孩子可能会因为一件小事而感到自豪和觉得有成就感，但家长也许不会有这种感受。所以，平时家长要学会用孩子的视角审视孩子，站在孩子的角度去鼓励他，用他眼中的自豪感和成就感去促使他不断进步。

来自父母的赞扬与鼓励，不论是一个微笑，一句称赞，还是一个拥抱，都会让孩子感觉到被爱，觉得很开心，从而让其学习、生活进入兴致勃勃、充满自信的良好状态。

（房元品）

第2章　家教论坛

让孩子沐浴在爱和接纳的阳光里

近日看到一则寓言故事《风与太阳》，讲的是风和太阳比谁的力量大，比试办法是：谁能让行人脱下衣服，谁就胜利。北风就猛烈地刮，行人却紧紧裹住衣服不放手。风刮得更猛，行人冷得发抖，反而添更多衣服，最后风失败了。太阳把温和的阳光洒向行人，行人燥热就脱掉添的衣服。太阳把强烈的阳光洒向行人，行人汗流浃背，受不了，就脱光衣服跳河里去洗澡。这个故事启示我们，蛮横是不能解决问题的，以温和可亲的态度去解决问题往往比强迫更有效。

在家庭教育中，强迫教育导致失败的事例常会发生。有位家长说："那天儿子在房间上网课，我推门进去看到他慌张地关闭游戏界面，上去就是一顿'炮轰'：'你怎么这么不自觉？老师上课讲了什么？你懂了吗？笔记做了吗？'……不等我说完，儿子就把我推出了房门。我气不过，在门口又训斥了他几句。结果，儿子的火气比我还大，他大吼道：'我到底怎么样你才满意？'儿子冷漠的眼神，拒我于千里之外的态度，让我不禁打了个冷战。"

这位家长教育孩子的热情是很高的，但是结果却让人很失望。他也许会很苦恼，无奈地哭诉着并质问自己：这还是我那个听话懂事的儿子吗？为什么我只是批评了几句，他却非要跟我对着干？为什么我付出了那么多，儿子却视我为“仇人”？

我们不妨冷静下来想一想，这很可能是由家长和孩子的心理基础截然不同所导致的。家长的心理基础是：你是我的孩子，我不管怎么骂你，都是为了你好。孩子的心理基础却大相径庭：你的批评充满打击、否定、人格攻击，太伤我自尊心了，让我怎能听你的管教！所以，家长这样教育的后果是，不但让孩子听不进去，而且会让自己的焦虑、愤怒情绪摧毁孩子的尊严和信心，让孩子感到自己是多么糟糕，甚至破罐子破摔，蛮横地顶撞、反抗，固执地任由不良行为持续下去。

人们大都把孩子放在家庭的核心位置，家长承受的教育压力也非常大。所以，家长“望子成龙，望女成凤”的心情完全可以理解。但同样是家长批评孩子，为什么有的孩子会改错、长进，有的孩子却离家出走了？追根究底，还是因为有些家长的批评方式出了问题。下面结合一些家庭教育的事例，谈谈“二八定律”教育法的实用价值。

什么是“二八定律”教育法？就是家长在对孩子实施教育的过程中采用的“两分道理，八分共情”“两分批评，八分肯定”“两分建议，八分分享”等教育方法，先赏识、肯定、关爱对方的优点，然后提出建议、批评或不同观点，最后给予信任、支持和帮助。这样在夸赞的基础上提出意见，孩子会觉得是善意的，也就更愿意接受批评，从而改进自己的不足。运用“二八定律”教育法，实际上也就是遵循因材施教的教育原则，因人而异、因事而异，寓贬于褒、寓教于乐，在维护孩子自尊心和自信心的基础上，采用让孩子乐于接受的方法，委婉圆转地实施教育，从而达到“忠言不逆耳”“亲其师信其道”的教育效果。

案例1:一位教育家的儿子骑自行车撞了一个小孩,小孩虽然受的是皮外伤,却花去上千元的检查、医药费。儿子出于害怕,不敢回家。这位教育家没有着急批评,也没有讲大道理,而是先共情儿子:"我特别理解你现在的心情,我知道你不是有意的,谁会无端给家里添麻烦呢?"然后帮儿子修好了自行车。见父亲如此理解和接纳自己,儿子开始反思自己的错误:"我要是骑慢点,就能绕过孩子,也就能避免这次事故。"父亲这才开始输出自己的道理,告诉儿子各种交通安全知识,这次,儿子听得十分认真。

这个案例中,家长运用了"两分道理,八分共情"的教育方法。其实在很多时候,不是孩子不听话,而是在讲道理之前,家长没有先给孩子来一些将心比心的共情,当孩子和家长出现心理相容、情感共鸣的时候再对孩子实施引导教育,就水到渠成了。

案例2:一个小女孩把心思都花在穿着打扮上了,导致学习常常不在状态,妈妈看了很焦虑。一天,妈妈见女儿又花了半小时在打扮上,便对她说:"你每天美美地去上学,上课的心情都变好了呢。"女儿听了很高兴,妈妈又说:"要是每天你的作业也能完成得美美的,那就更好了。妈妈相信这也难不倒你的,对吧?"女儿爽快地答应了。从那天起,女儿在学习上明显用功了。

这位妈妈先赏识、肯定、关爱对方的优点,然后提出建议、批评或不同观点,最后给予信任、支持和帮助。这样在夸赞的基础上提出意见，会让孩子觉得家长是善意的，是接纳自己、与自己同向而行的，就更愿意接受批评并改进不足了。她成功地运用了“两分批评，八分肯定”的教育方法。

案例3：一位高级家庭指导师分享过一个故事，他的朋友偶然间发现儿子口袋里，藏有很多传情达意的“小情书”。儿子才小学五年级就“早恋”，朋友很震惊，但没有直接揭穿儿子，而是选了一个父子俩都很放松的时间，跟儿子分享了自己早恋的经历。他说，自己小时候喜欢上一个女孩，但是因为那时候自己没有能力，就把这份感情偷偷放在心里。直到考上好大学，对未来有了规划，可以对女孩负责任了，才开始和女孩谈恋爱，并结婚生子。第二天后，那些“情书”就再也没有出现了。

案例中的这位家长，采用了“两分建议，八分分享”的教育方法。他自始至终，只字未提关于儿子裤兜里“情书”的事情，只是和孩子分享自己的经历，就巧妙地给了儿子处理这件事的建议。孩子往往听不进生硬的建议或命令，故事却能很好地引导，给孩子指明方向。看来，通过分享经历来暗示提醒，培养孩子的自省意识，是一把打开孩子心扉的钥匙。

总之，家长教育孩子的内核，应该是引导和鼓励，而不是压制和阻止；应该是让孩子“抬头”，明确方向，充满信心，而不是让孩子“低头”，屈服自卑，惊慌恐惧。家长潜意识里也许会觉得，自己对孩子的批评是对孩子爱的表达，可孩子不这样认为啊，他们的感受往往是由家长的态度决定的，家长说的每一句伤人的话，对孩子来说不但不会变成激励，反而会摧毁他的尊严和信心，不断提示着他自己是多么糟糕。

这就需要家长放下成见和评判，看见和接纳孩子。因为孩子在成长过程中，难免会有犯错误、表现不尽人意的时候。

家长要做的，不是用各种严厉的语言逼着孩子认错，而是让孩子学会思考。所以，家长与其疾言厉色、大动肝火去训斥孩子，这样不但没有正面效果，还会产生负面效应，不如采用共情、赞赏、分享、提醒、暗示等方法，启发他思考、自我反省，培养他的自省意识，让他正确认识自己的错误。

这样，孩子沐浴在爱和接纳的阳光里，心里才能生出无限的力量和勇气，成长为一个内心有爱、眼里有光、不负期望的孩子。所以，家长在任何时候，都不要让批评没有了“爱”，让教育没有了温度，让亲子间只剩下满嘴的说教。

（张佑高）

激活孩子的学习动力

提到家庭教育,孩子的学习动力是无法避开的话题。很多家长有这样一种体会,孩子不叫不学,不催不学,越催越慢,再催熄火。如何激活孩子的学习动力,让孩子自觉自愿地喜欢上学习呢?

首先要明确自己养育孩子的目标,也就是想把孩子培养成什么样的人。可能每个人的答案不一样。不过家长大都希望孩子将来能够独立自主、阳光自信、有能力、能承担等等。当一个人有了目标、方向、计划的时候,他通常也就会有激情,有动力。所以,家长要跳出教育看教育,立足长远看教育,做一个目标明确的家长,然后用目标来校准自己的行为。

那么如何激活孩子的学习动力?具体该怎么做?我想从四个方面来谈一谈。

一、看见孩子,不要只看见分数,要把学习和好的感觉联系起来。

记得我小的时候,我妈特别重视学习,她特别希望自己的孩子能“跳出农门”,不再像她那样辛苦,整天面朝黄土背朝天的。所以只要我看书,我妈就以为我在学习,她连活儿都不让我干。因为我妈不识字,所以我看什么书,她都以为我在学习,她就特别开心,脸上不由自主地流露出喜悦,也会夸我。然后,我就会更加用功地去学。小孩子嘛,难免会贪玩,有时候我也考得很差,可是我考不好时她也不责骂我。所以,我一直觉得学习是件很美好、很开心的事情,不觉得辛苦,也不觉得有压力,后来我就一路顺着我妈的心意考上了大学。

请你试想一下，在你做一件事情时，无论你做得怎么样，别人回应过来的总是包容、接纳、喜悦、欣赏，你是不是会受到鼓舞？那么，接下来你会不会把事情做得更好？因为人都是向上的，所以在学习这件事上，只要你让孩子有好的感觉，孩子就会喜爱学习，这是真的。

为什么我这么肯定呢？因为后来我在学习心理学的过程中找到了深层次的原因，理性情绪治疗模式 ABC 理论把情境、情绪、反应之间的关系描述得很清楚。就是做一件事情的时候，如果能够让做事情的这个人处于积极的、愉悦的、感觉到被喜欢或被欣赏等正向的情绪之中，那么他的行为反应一定会是主动的、积极的、高效率的。如果他在做事情的时候，总是处在消极的、低落的情绪之中，那么他表现出来的行为一定是被动的、拖延的。所以良好的感觉、积极的情绪特别重要，它们能推动孩子主动学习。大家试着想一下就会明白，如果你自己在做事时，总是有人在旁边指导你，挑剔你，甚至抱怨你，你的感觉会怎么样？你能高效、快速地完成这件事情吗？一般不会，还容易生一肚子气，是吧？同样，如果一个孩子一写作业就有人盯着，还时不时地被批评，那么他的情绪会怎么样？情绪肯定不高，他的学习效率可想而知，肯定低下。所以要想让孩子喜欢上学习，爱上学习，首先需要把他的感觉提起来。有一句广告语“因为热爱，所以专业”，就是这个意思。

二、尊重孩子,启发孩子独立思考,给孩子勇敢尝试的机会。

我个人认为在培养孩子这件事上,启发孩子独立思考是一件非常非常重要的事情。

我们举个具体的例子来说吧,如果孩子考试过后,有点沮丧地回到家告诉你:“数学只考了70分”。你会怎样回应孩子呢?

有的家长会忍不住批评孩子:“你怎么考这么一点?上次还考75分呢,这次没进步,还后退了。哎,你都怎么学的呀?你就不能多用点功啊!我天天那么辛苦,不都是为了你……”

这样的回应会产生什么后果呢?容易让有些敏感的孩子产生内疚心理,觉得自己给家长带来了负担,认为自己不够好,从而导致孩子的生命活力被压抑,很容易使其形成自我贬低、自我否定、自卑等人格特质。

有的家长会情不自禁地把自己孩子跟别的孩子比较:“你们班最高分是多少?同桌考多少?你这个分数能排班级多少名?”

确实有很多家长会这样说。这样的回应会产生什么后果呢?会把孩子的注意力从学习本身,也就是获取知识上转移到与别人的竞争上。人关注什么,他的整个精力就会集中在什么地方。当然竞争不是什么坏事,不过大家都知道人外有人,天外有天,强中自有强中手。这样的比较会导致孩子容易出现考试焦虑,担心比不过别人,严重的会害怕竞争,不敢冒险,更谈不上创新了。我在学校咨询室遇到过一个来访的学生,他的成绩在班级里排名前五,但是他非常紧张,上课也会走神。原因是以前考试时在班级里总是第一二名,有一次没考好，紧接着这次又没考好，他非常焦虑，担心下次还考不过别人，所以上课时就无法集中注意力了。这就是比较给这个孩子带来的苦恼。我们认为要比就跟自己比，跟过去的自己比又在哪方面进步了，比较的目的是给孩子增加力量而不是减少力量。

家长接纳孩子情绪，理解孩子现状，然后积极赋能，孩子可能会更好地恢复心力，迎接挑战。

有的家长会下死命令，"你没考好，以后放学必须第一时间把作业完成""以后不许再玩手机了"等等。

这样的应对方式要么彻底打压了孩子的生命活力，让孩子陷入懦弱、自卑、抑郁的状态，要么引起对抗，无助于问题的解决。

那么比较好的且有效的做法是什么？

首先接纳孩子情绪，理解孩子现状，积极赋能，等孩子心情好了之后，一起坐下来探讨这个问题。可以提一些问题：你怎么看待这次考试？你在学习的过程中觉得哪里有困难？你有什么方法可以解决那些难题？需要我提供什么帮助吗？这个过程很重要，在这个过程中，孩子形成自己的思考能力。每个问题、每个困难，乃至每个错误都是孩子成功的垫脚石，都是孩子成长的机会。在这样的陪伴下，孩子会敢于尝试，不怕困难，敢于冒险，跌倒了也会爬起来。孩子的自主能力、思考能力、判断能力、解决问题能力、创造力等都会得到慢慢提升，这些能力活跃在孩子身上，会伴随孩子的一生。

三、欣赏孩子，看到孩子做到的，不看孩子做不到的，让孩子体会成就感、价值感。

在陪伴孩子的过程中，鼓励、欣赏是非常非常重要的一个点。为什么这么说？通常 3 岁到 13 岁左右，是孩子社会自我形成的重要阶段。这个阶段，孩子会以他人对自己的期待、对自己的看法来调整自己的行为。比如说，父母认为他是棒棒的、好的，他就会认为自己是能干的、可爱的，但如果父母认为他非常笨，那他也会认为自己非常笨，所以，爸爸、妈妈、爷爷、奶奶、老师这些人说他是什么样子，他就是什么样子。当然，积极、正面的反馈并不是什么都说好。像“宝贝，你什么都行”“你是世界上最厉害的”“你是最可爱的”这样的夸奖，明显是在欺骗孩子，让孩子有膨胀的、不切实际的感觉，这是不利的。要切合实际地夸孩子，夸他，是给他的行为一些正面的反馈。他做得好的时候，家长就要实事求是地说他做得好。他做得不好的时候，家长也不要否定他这个人，而要帮他检视他自己的行为，比如一个孩子非常淘气，弄坏了妈妈的东西，这时家长不应说“这个行为不好，你不可救药”，而应说“你这个人是好的，你这个人是有能力的，只是你这个行为是不对的，这么一个有能力的你是可以去改正那个行为，让自己变得更好的”。这个时候，孩子知道“我可以犯错误，我也可以改正错误，因为我是好的”，他就会有这样一个自我概念。这个自我概念，对孩子的整体发展是非常重要的。

除了刚才说到的要落实到具体的行为上，我们还可以从多维度、多角度来夸孩子。就拿孩子考试考 70 分的一张试卷来说，家长可以夸字写得好，一定有些字是写得好的，这些字写得横平竖直，让人看得出孩子很认真、很仔细，让人看着赏心悦目。这个地方家长注意一下，先是夸孩子写字的动作，也就是夸行为，这是事实，是实实在在、眼睛能看到的，然后自然而然上升到夸孩子的品格——认真、仔细。家长这样反馈后，孩子会捕捉到：哦，我是个认真、仔细的人。这样的反馈有理有据，孩子会很认可。家长不断地给予孩子正向的反馈后，这种外在的肯定就自然而然地转化为孩子内在的肯定了，孩子的自尊水平也提高了，学习就变成小事情了。

还可以从已经取得的 70 分入手。“这道题挺难的，你都做出来了，你是怎么思考的?”孩子在回忆的过程中体会到成就感、价值感，会感觉到自己是可以的，自己是行的。这些感觉会促使孩子敢于去面对挑战，所以家长一定要多看见孩子做到的，少纠结做不到的，明白正反馈带来正强化。

失掉的 30 分是不是就不看了? 当然不是。家长心里要有一个明确的观念:改正错误是学习的好机会。有了这个认识，心里就不会焦虑，会平心静气地和孩子谈问题:“丢了这 30 分确实挺可惜的，付出了努力没有得到想要的结果，换谁心里都不好过，妈妈以前也有过这种体会。”孩子感觉到自己被理解、接纳、包容、肯定之后，内心的力量会自动、自发地回升。接着家长可以和孩子一起分析、讨论解决错题的方法，具体参照第二点。

当孩子自己找到解决方法时，家长一定要及时反馈:“太棒了，你又找到一个方法，这样子下去你可不得了! 你将会成为你们班特别会学习的人，到了高年级就是你们学校特牛的学生!”

还有一个点，孩子在小学阶段和初中阶段通常都会有一个梦想，有视为偶像的英雄人物，这是个拓宽孩子眼界、放大孩子梦想的非常好的资源，家长要充分利用，找契合点，比如孩子跟他那个偶像哪个点特别像，告诉孩子他以后一定会成为那样的人，也会为国家做出大贡献。肯定意义、身份，将孩子引向更高的层面。

生命最本质的需求是被看见，夸孩子最重要的点也在于家长关注到孩子，认可孩子。孩子感受到被看见，感受到被认可，心情就会很愉悦。正反馈带来正强化，外部的肯定激活孩子内在的动力。孩子感受到成就感、价值感，体会到自我效能感，内心充满自信，学习根本不用催，他会自觉自愿、动力十足，最终走向成功。

还有一个我特别想跟家长朋友们说的点就是：假如孩子暂时离家长的期望比较远，家长该怎么办？这也是我在学校工作中经常遇到的来自家长的求助。

每当这个时候，我都会请家长先问问自己：我做到自己预想的样子了吗？然后接受孩子暂时的不优秀，接受我们自己的不完美，降低期望值，努力营造美好、和谐的家庭环境，学习提升自己，把自己变好，相信孩子，相信自己，静待花开。

（华和梅）

培养爱劳动的好少年

身为班主任，我在班群里做了一个调查：放学以后，孩子都做些什么？

"自从减负后，孩子的作业少了很多，孩子放学回家主要是玩儿，没心思学习。"

"吃东西，玩电脑，晚上会复习复习功课，睡得比较早。"

"做完作业后就不想再学习了，说多了又不耐烦。"

"我们小时候放学后，写完作业就满世界疯跑疯玩，现在的孩子很少这样了，基本在电视前或电脑前。"

"我家孩子是玩电脑和手机，真让人操心。"

"回家后把没完成的作业做完，然后吃饭，晚上和我一起出去转转，然后再看会儿书就睡了。"

答案还有很多很多，从中我们不难看出，放学后孩子们的活动绝大多数是做作业和玩电脑、手机，连一丁点做家务的痕迹也没有看到。是孩子不愿做、不想做，还是不会做、没家务做？如果是前两者，说明我们的教育出现了问题。的确，劳动教育在学校中被弱化，在家庭中被软化，在社会中被淡化，中小学生劳动机会减少，劳动意识缺乏，以致出现了一些学生轻视劳动，不会劳动，不珍惜劳动成果的现象。如果是后两者，则说明家长的观念出现了偏差。在一些家长的观念中，孩子除了学习还是学习。就算有家务可做，也轮不到孩子们去做，家长早就包干了。几乎所有的家长都在抱怨孩子不好好学习，我们很少听到家长抱怨孩子不会做家务的。"衣来伸手，饭来张口"成了孩子们在家生活的常态。也难怪有人说，我们天天说培养孩子吃苦耐劳的精神，但仅仅是停留在口头上，因为我们并没有给孩子创造适合他们的吃苦耐劳的条件。

吃苦耐劳、勤劳善良是中华民族的传统美德。“一屋不扫，何以扫天下？”社会主义事业接班人怎么能缺失劳动教育呢？在努力提倡益智的今天，我们是不是太关注孩子的大脑而忽视了孩子的双手呢？

一起来看看陶行知先生写的儿歌吧！

“人有两个宝，双手和大脑。双手会做工，大脑会思考。用手又用脑，才能有创造。”

手是人类赖以生存的重要工具，我们要好好珍惜自己的双手，而且要热爱劳动，坚持动手实践，充分地认识手、利用手，充分发挥手的作用。当然，时代不同了，我们无法苛求孩子“割草积肥拾麦穗”。但放下手机离开电视，帮助爸妈做点家务，一点也不过分吧！

想做到这点也不难：教育要跟上，父母也要舍得，家庭、学校、社会须形成合力。

家长应教育孩子自己的事情自己做，家里的事情帮着做，弘扬优良家风，参与孝亲、敬老、爱幼等方面的劳动。学校应安排适量的劳动家庭作业，针对学生的年龄特点和个性差异布置洗碗、洗衣、扫地、整理房间等力所能及的家务。要密切家校联系，转变家长关于孩子参与劳动的观念，使他们懂得劳动在孩子学习、生活和未来长远发展中的积极意义，让家长成为孩子家务劳动的指导者和协助者。家庭、学校、社会形成劳动教育合力，共同培养出会学习、爱劳动的好少年。

（杨培银）

第3章 学法崇德

加强未成年人交通法规教育刻不容缓

2021年10月的某天下午，16周岁大专在读的张小莉(化名)驾驶电瓶车沿某国道南侧非机动车道由东向西逆向行驶时，与驾驶电瓶车正向行驶的赵大妈发生碰撞，致赵大妈及其驾驶的电瓶车失控，倒向机动车道。

本来电瓶车碰擦也不是很大的事情，但非常不幸的是，赵大妈及其电瓶车又被机动车道内行驶过来的重型货车撞上并碾压，造成赵大妈当场死亡及车辆损坏的交通事故。张小莉看到赵大妈被碾压后，心里异常紧张、害怕，但同时也觉得毕竟是大货车撞到并碾压了赵大妈。因此，未经世事的张小莉在脑袋一片空白之中骑车离开了现场。

事故发生后，经道路交通事故认定，张小莉驾驶电瓶车逆向行驶，是造成此事故的主要原因，且张小莉在事故发生后逃离现场，这一行为应被认定为交通肇事逃逸，可能构成交通肇事罪。检察机关后依法对张小莉提起公诉，一审法院审理后，判处张小莉有期徒刑一年六个月。

张小莉不服一审判决，提出上诉。二审法院受理案件后，经法官多次沟通、教育、劝导，张小莉父母克服家庭经济困难，向赵大妈亲属赔偿11万元。虽然张小莉有交通肇事后逃逸的情节，但其作为未成年人在事发时因害怕而逃避，与其不成熟的心性具有一定关联性，其主观恶性不大，且有自首、自愿认罪认罚等法定从轻或减轻情节，亦积极对被害人亲属赔偿，对其判处缓刑不致危害社会，二审法院最终以交通肇事罪判处其有期徒刑一年六个月，缓刑两年。法院判决以后，同时依照《中华人民共和国家庭教育促进法》对张小莉父母进行了家庭教育指导。

本案的发生是由张小莉骑电瓶车逆行引起的，对两个家庭来说都无疑是巨大的不幸。赵大妈虽然年龄较大，但是身体健康，也算是家庭的中流砥柱；张小莉十年寒窗，眼见着学有所成，却因为一场交通事故，在看守所被羁押数月，还险些面临一场牢狱之灾……

本案的发生，让人心痛之余，同时带给我们以下几点启示：

第一，切实提高法治意识，既保护自己，也保护他人。

遵守交通规则是遵守法律最常见的一种形式。在我们的日常生活中，骑电瓶车时为了抄近路而逆行，可以说并不鲜见，不仅是未成年人，甚至很多成年人也会逆行。《中华人民共和国道路交通安全法》第三十五条明确规定："机动车、非机动车实行右侧通行。"因为逆行违反相关法律强制性规定，一旦发生交通事故，逆行者需要承担主要的事故责任。本案中的张小莉，不但因为逆行导致交通事故发生，而且在事故发生之后逃逸，法治意识淡薄。

除了抄近路逆行之外，我们身边骑电瓶车的危险行为还包括闯红灯、不戴安全头盔等。不少人认为骑电瓶车闯红灯等行为，一般不会被处罚，因而不以为意。实际上，骑电瓶车逆行、闯红灯、不戴头盔等行为因为违反相关法律规定，所以也是违法行为，虽然因为情节比较轻微一般免于处罚，但如果发生本案中的交通事故，做出上述行为的骑行者往往需要承担主要甚至全部的责任。所以，切实提高法治意识，才是对自身和他人最好的保护。

第二，对未成年子女的日常教育，既要关注学习，也要关注生活。

我们经常说，要想成才，先要成人。但在实际生活中，大部分家长实际是本末倒置的，过于关注子女的学习而忽略了子女的日常生活细节和心理感受。自 2022 年 1 月 1 日起施行的《中华人民共和国家庭教育促进法》明确指出，家庭教育，是指父母或者其他监护人为促进未成年人全面健康成长，对其实施的道德品质、身体素质、生活技能、文化修养、行为习惯等方面的培育、引导和影响。

父母应当牢固树立家庭是第一个课堂，家长是第一任老师的责任意识和思想理念，承担起对未成年子女家庭教育的主体责任。对子女的日常教育，不仅是学习上的督促引导，还包括子女日常行为习惯、心理健康等方方面面的教育。比如遵守交通规则，如果本案之中的张小莉的父母能够在其每次骑电瓶车外出的时候，多说一句“戴好头盔”或是“不要逆行”之类的话，或许可以避免本起悲剧的发生。

第三，法治教育的目的，既要考虑惩罚，更要考虑治病救人。

本案是一起对未成年被告人坚持“教育、感化、挽救”方针和“教育为主，惩罚为辅”原则，帮助其重回正轨的典型案例。法院根据审理查明的事实，被告人的认罪、悔罪表现和积极对被害人亲属赔偿等情节，认定对被告人施用缓刑不致危害社会，依法对其改判适用缓刑，充分体现了对未成年被告人进行特殊保护和优先保护的司法保护原则。考虑到本案被告人涉世未深，身心尚不成熟，未注重相关交通规则的学习，监护人亦存在缺位等情况，人民法院通过法庭教育等未成年人审判特色工作机制，敦促其深刻认识到自身的错误，积极反省，认真改过自新，同时对其监护人开展家庭教育指导，帮助其树立家庭教育主体责任意识，积极履行家庭教育职责，起到了良好的法治教育效果和社会效果。

（沙瑞新　陈　浩）

润物无声　静待花开

——浅析德育过程中知行合一的重要性

德育过程中知行合一，是指教师既要对学生晓之以理，也要对他们导之以行，促使学生形成言行一致的品格。知行合一既是德育的重点，也是德育的难点。小学德育立足于促进学生品格提升，提高学生思想境界，从而为学生终身发展奠定基础。“知”在这里是指良知，是学生意识的体现；“行”是指实践、行动。知行合一就要求学生不仅在道理上知道，更能按照知道的来做到，用实践行动去检验自己的认知知识。德育教育工作者应该从德育的科学性、逻辑性和客观性出发，帮助学生达到知行合一的目标。

目前，小学阶段的德育教育效果不容乐观，小学生的行为习惯令人担忧，有的甚至出现“知行不一”的现象。针对此现象，小学德育教育怎样做到知行合一，促进学生达到知行相长的目标，通过教育思想的引导、行为方法的指导，促使学生形成正确的价值观与人生准则，是德育教育工作者要探索的重要课题。

一、创设情境，建立“知”的体系

德育过程是一个发展变化的过程，教育者要启发学生主动接受教育，形成良好品德。德育教学要为学生创设情境，有了良好的学习情境，学生才会仔细观察，用心感悟，建立“知”的体系。情境创设越自然生动，就越能激发学生的创造力。

在少先队活动基地环境设计中，要融入德育教育知识小故事，让学生在感兴趣的故事中，知道不能随地吐痰，不能乱扔纸屑，如何做操，如何与朋友相处，上下楼梯应该怎么走。要开展亲子活动，促使家长做好榜样。如开展“小小交通指挥员”“今天我值日”等活动。家长诚信友善，爱岗敬业，言传身教，就能使德育作用发挥最大化。而家长如果损人利己，自私自利，则无法教育出知行合一的孩子。社会良好的风气、有序的秩序都会对学生成为知行合一的人产生重要影响。德育过程中，我们可以联系敬老院、志愿者服务站为学生提供实践的机会。

小学生从学校获取对德育的认知，从家庭中获得认同，才会更好地在社会活动中得到锻炼，才能更好地做到德育的“知行合一”。

二、树立榜样，示范导“行”

“蓬生麻中，不扶而直；白沙在涅，与之俱黑”这句话揭示了环境对人的影响。小学阶段的德育非常重视对理论知识的输入，但由于缺乏实践活动，往往会导致出现“两面人”现象，即孩子在家、在校两个样。长此以往，我们的德育教育就很难取得突破性成效。因此，为学生树立榜样、示范导行势在必行。

例如，在教“安全记心上”这节德育课时，教学目的是提高学生自我保护的意识，使其能够从容应对平常生活中的紧急情况，能够遵守交通规则，掌握防火、防溺水等知识、技能。课堂上欣欣同学却说，早晨他爷爷送他上学时闯了红灯，还说反正也没有车。针对欣欣同学说的情况，我请同学们畅所欲言，讨论没有车时是否还要严格遵守交通法规。同学们各执己见，谁也不服谁。这时，我播放了平时同学们上学、放学过马路的视频。孩子们一下就发现了视频中戴着红领巾的阳阳同学，只见奶奶拉着他的手要过马路，可此时红灯亮了，奶奶准备拉着他跑，可阳阳却摆摆手。阳阳和奶奶说了什么呢？同学们热情高涨，纷纷举起小手要回答，并表示自己要做好家长的榜样，过马路时严格做到“红灯停，绿灯行”。接着，我播放了每年发生在全国的交通事故的视频，通过实例告诉学生“宁等一分，不争一秒”的重要性。

日常生活中，教师要为学生树立榜样，自己先要做到言行一致，让学生接受正面教育引导，在潜移默化中使学生做“知行合一”的人。在班级中树立榜样更容易有效地规范学生行为，帮助学生树立明确的方向。

三、持之以恒，促进知行合一

培养学生优秀的品格是一个长期的过程。持续激发学生身上的善意、向上向强的动力，才能促进其形成优秀品格。

例如，在教“交友的智慧”这节德育课时，为了让有利于建立友谊的方法得到落实，我采用问卷调查、日常观察等方法了解班级学生交友情况。班级有一个男生，很不出众的一个孩子，皮肤黑黑的，听力还有些问题。尽管我把他调到第一排座位上，他上课仍然竭力张着耳朵，微微向前伸了头，做出努力倾听的样子。有一次，我发现他的一篇作文《毛毛》写得很好，便帮他投到校刊，后来作文被选中刊登。我抓住契机，在班级表扬了他，并建立作文兴趣小组，请他当组长。自从有了交流的平台后，他的话变多了，也交到了志趣相投的好朋友。

坚持就是胜利,“发现问题就是成功”不是一句简简单单的口号。在品德教育过程中,我们只有持之以恒,不断与时俱进,向学生传输正确的价值观,并在家庭与社会中让学生对德育的认知有效落到实处,学生形成优秀品格才能水到渠成,真正做到知行合一。

总而言之,德育过程中的知行合一并不是一个简单的过程。德育教育工作者要树立坚定的道德信念,坚持围绕立德树人这个目标,把社会主义核心价值观有效融入德育过程,促使学生去践行知行合一。德育教育工作者只有坚持思想品德认识与实践的统一,个性发展与全面发展的统一,才会有效促进学生知行合一落地。

（朱念杰）

第 4 章　家教故事

生活即教育

孩子能考上清华大学，我们一家人都非常高兴。如果对她的教育有什么可说的话，那就是我们遵循了生活即教育的理念。

生活即教育就是生活环境中的一切物质都是我们学习的对象，一切场景都是我们学习的契机。孩子五岁之前，我们在边河中学住，家属院后边就是庄稼地。各种庄稼不同时期的长势，不同的庄稼有什么区别，哪种庄稼的果实可以做成哪种美食……野花杂草、蚂蚁蟋蟀、石头泥土、高山深谷……我们在田野里奔跑感受，也在田野里观察思考。感谢家乡，感谢自然，它们滋养了我的孩子。在孩了长大一些后，我们尽可能在假期里带她到各地旅游，草原、高山、峡谷、大海，种种风景丰富了她的见闻，开阔了她的眼界。

生活即教育就是在生活中父母要做好孩子的榜样。看孩子是一件很累的事，孩子小时候不闹了，我最好的休息方式就是赶紧看点书，所以她在睁开睡眼的时候，往往看到的都是我倚在床头捧书而读，由此孩子知道书是很吸引人的东西。孩子三岁之前就能够独立阅读纯汉字书籍，学龄前的她，阅读量应该超过了 90%以上的小学生，这对她的智力发展和学习品质的影响都是不可估量的。在我四十岁的时候，我的学校要开展家庭教育工作，却缺乏这方面的老师，于是我从头学起，多方取经。甚至有次晚上七点多了，我离学习的地方还有四五里路。那是八月份，路的两旁全是一人多高的玉米。人生地不熟，我很害怕，最后是一位在村口哄孩子的年轻妈妈骑电瓶车送我过去的。种种困难，不必细说。我边学边干，边干边练，慢慢也就可以承担这项工作。这对孩子的影响，绝不是作为一个妈妈说多少话就可以代替的。孩子上小学三年级时，她爸爸被选派去伊朗工作，很多人都说我们想不开找累受，我们想的是孩子的视线是追随爸爸的足迹的，她看到了爸爸努力上进，就可以跨出国门到万里之外的世界去，人是可以不受制于起点和环境的，这对孩子是有启发和激励作用的。后来，孩子爸爸又被选派去马来西亚工作，我和孩子也都很支持。孩子高中生活的第一天，是她爸爸出国的日子。一直到孩子高考，她爸爸也因为疫情不能回来，但她爸爸对她思想上的引领一直都在。所以说生活中爸爸妈妈的一言一行，都是对孩子潜移默化的教育。

生活即教育还体现为在生活中各负其责，各司其职。孩子爸爸细心，就做好家庭的生活保障。衣食住行都是孩子爸爸操心，一付出就是二十年。就算在国外，她爸爸也通过网购尽他的能力让这个家运转顺畅。我在生活上很少付出，就多关心孩子的成长，多了解孩子的学习，多学习心理学、教育学的知识，给孩子提供更好的精神支持和思想帮助。正因为生活中我们都不缺位，不越位，孩子自己的定位就比较准确，目标感就强。

生活即教育就是让孩子当孩子，在生活中去锻炼，去挑战。孩子是好动的，就算专注力比较好，可以一坐几个小时的孩子也不例外。女儿三岁的时候看到小伙伴玩滑板车，就跟着玩滑板车；四岁的时候又跟着玩轮滑；后来打乒乓球还打出了名堂，代表学校女队获得全区第四名的成绩；再后来学游泳又喜欢得很。我告诉她："清华的学生都是要会游泳才能毕业的，你都会游泳了，我们就考清华吧。"女儿初中时喜欢滑雪，在初级滑道滑二十分钟后就可以在中级滑道飞驰。对了，我们还尝试着攀过岩，潜过水，现在又开过车。之所以不厌其烦地一说再说，是因为运动给了孩子勇气，这使她在学习上不畏难，敢向前；运动还给了孩子健康的体魄，使她的身体能承受住高中高强度的学习，能适应号称"体校"的清华大学繁重的学业安排和体育要求。

生活即教育还包括把教育揉进生活。清华大学是我们带孩子去看的第一所大学，那时候她上三年级。后来，我们又带她去过厦门大学、复旦大学、上海交通大学、南京大学、新加坡国立大学。我和孩子说的是目标是我们奋斗的方向，不是必须到达的地方，我们想上好的大学，就看看好的大学是什么样。

现在，孩子进入了人生新的阶段，她身边优秀的同学、杰出的老师，都会给她的成长提供更多的色彩，让她在人生的画卷上尽情挥洒。

（边爱菊）

《新华字典》的气息

到朋友家去串门，看到她上小学三年级的女儿正在做作业。我惊讶地发现，桌上还有一本《新华字典》，她女儿不时翻阅着字典，认真查找着。从她女儿的动作来看，查阅字典已非常娴熟。

我好奇地问："为什么不让你女儿在电脑、手机上查，还让她在《新华字典》上查？这多慢啊！"

朋友说："为了女儿身上的一缕书卷气。"

看到我疑惑的神色，朋友解释道："孩子遇到不懂的字、词、句，查电脑和查字典效果是不一样的，记忆也是不一样的。查电脑快，可是过后没留下什么，而查字典却多了一种纸张的质感和温度，如果用笔在上面画些条条杠杠，留下的是一种记忆的痕迹。"

朋友说罢，拿起女儿桌上的《新华字典》给我看。我翻开《新华字典》，发现字典上画上了许多条条杠杠、圈圈点点。一本《新华字典》，因为有了笔墨的痕迹，从而多了一种生命的气息和灵动。随着纸张翻动，一缕油墨馨香扑面而来，我身上似乎也沾染了一缕书卷气。我忽然感到，这种气息还是那么熟悉，自己小时候上学不就是这样走过来的吗？那种记忆刻骨铭心，难以忘怀。也许那种慢，让自己打下了扎实的学习功底，受益匪浅。

朋友说："女儿这种不懂就查《新华字典》的方法，使她多了一种自律和思考，少了一种浮躁和浅尝辄止。在女儿的书包里、案头上，永远有一本《新华字典》。从某种意义上讲，会查阅《新华字典》，也是一种文化传承和基本功。无论科技如何发展，会查阅《新华字典》，永远是一种文化和符号，永远不能丢弃和疏离。”

朋友的一番话，让我感动不已。当这个社会飞速向前发展，有一种文化和沉淀，已深入到骨子里。让孩子会查阅《新华字典》，这也许是一种最力所能及的事情。

朋友兴奋地说道：“因受女儿的影响，现在她们班上有好几个同学也热爱上了查阅《新华字典》，并得到了老师的肯定。在查阅《新华字典》中，她们得到了在电脑、手机上无法体验到的快乐和收获。”

我想回去也送给儿子一本《新华字典》，并对儿子说，从明天起，做一个热爱查阅《新华字典》的人。从查阅字典中，感受汉字的博大精深，染上一缕书卷气。这种气，是一种文化，也是一种传承。

（李良旭）

第5章 学前教育

有效发挥家长育儿的能动作用

在高科技化、信息化的今天,人们总是忙碌于事业,宝宝的照料问题大多被交给了老人。许多家长因为忙碌,很少与教师进行面对面的交流。宝宝的教育问题被交给老人,有优势,也有不可忽略的问题。如何在这种情况下提升父母对孩子教育的参与度,家园共同努力,让宝宝健康成长?

随着现代网络技术的发展与普及,家庭与幼儿园之间沟通的渠道不再局限于家访、家园联系册、家长园地、家长会、家长委员会和家长开放日、电话交流等形式了,E-mail、网上家访等成为家园沟通的新载体,网络式家园联系方式成为幼儿园开展家长工作的又一手段。

随着新学期脚步的临近,我们脑海中就会浮现出小班孩子们入园时不适应和哭闹的情景。小班孩子入园后,就开始了在家庭和幼儿园两个集体中的生活,这就产生了家庭和幼儿园如何建立联系、互相配合、对幼儿进行一致的教育的问题。我国著名的儿童教育家陈鹤琴先生说过:"幼稚教育是一件很复杂的事情,不是家庭一方面可以单独胜任的,也不是幼稚园一方面能单独胜任的,必定要两方面共同合作方能得到充分的功效。"通过观察,我们发现,孩子在长辈们心中占有非常重要的位置，但那些接送幼儿的长辈或保姆，对于教师反馈的情况无法如实、详尽地告知幼儿父母。因此，如何及时向家长反馈幼儿在园的情况、密切家园联系，成了新时期教师、家长面临的一大困惑，网络式家园联系方式应运而生。

为了让孩子减少入园的分离焦虑，缩短孩子的哭闹时间，还家长一个放心，我们充分利用网络，让忙于事业的家长有时间和我们教师进行“零距离”的交流，及时了解宝贝们在园的情况。我们还开通了家校通，创建 QQ 群。利用 QQ 群交谈有更强的互动性，可弥补班级网页上交流互动性不够及时的不足。教师们利用闲暇时间在 QQ 群里与家长对话，谈孩子，话家常，讨论教育问题。无论教师还是家长都能发自内心地将孩子在园、在家的种种表现在班级网页上与其他家长进行交流，这恰好弥补了平日家长与家长、家长与教师间交流时间、地点不便的不足，加快了信息的传递和反馈。由于幼儿在园期间的活动家长无法跟随，因此幼儿在园的活动照片成为多数幼儿成长相册中的一大空白，家长们为此多次深表遗憾。于是我们想到了利用网络将幼儿的活动照片传送到家长们的视野中，使家长们在家里就能看到幼儿在园里有趣的活动照片。这种方式，不但让许多在外地工作或未能到园接送孩子的家长通过网页的点击了解了幼儿在园的情况，而且沟通了家长和教师、家长和家长间的心灵，使家园走得更近了。我们在第一时间通过群相册，向家长介绍当天班级的最新动态和孩子的表现情况，家长们非常关心孩子班级的网页，网页的点击率不断攀升。家长们看了网上发布的信息后，立刻在班级网页上跟帖，讲述孩子回家后的表现及自己的想法。

爸爸妈妈平时上班很忙，冰傲都是由爷爷奶奶在老家带大的，养成了平时不爱说话，遇事就哭，也不肯与小伙伴玩耍的习惯，对与他说话的人大多只是点头、摇头……对于这样的孩子，我们就给他多一份关爱，用爱心去经常与他说话，用讲故事的方式给他讲道理，带着他做游戏，引导他多去做事情，对于他每一丁点的进步都鼓励、赞扬。我们每天都在网上及时地与冰傲的妈妈交流，还吸取其他家长的宝贵意见。时间久了，他改变了，性格活泼开朗了，敢说敢做了，我们很少再见到他流泪了。班里还有一个天天午睡尿床的幼儿，连家长都失去了信心，后来我们在群里发了帖子，有很多家长都出谋划策，想出了很多的办法。后来我们采用一种方法，就是坚持每天中午都坐在孩子床前，每天都提前10～20分钟叫孩子起来去小便，一天，两天，三天……孩子一天比一天进步，终于不再尿床了，家长感动得说不出话来。

同步教育幼儿，促进了幼儿素质的提高。以往由于我们在认识上存在偏差，把“教育家长”作为家长工作的目的，常常出现教师教育家长、埋怨家长、指责家长的现象。通过在网络中的交流沟通我们发现：现在的家长素质提高很快，家长的教育观念、教育方法甚至超前于教师。我们在网络交流沟通中变教师教育家长的单向活动为教师主动与家长联系、沟通，共商育儿方法的平等的双向活动，这种平等关系会拉近教师与家长间的距离，有效发挥家长的能动作用，使其主动与教师沟通、配合，对幼儿实施教育。通过实践，教师认识到要使家园配合一致，就必须使家长及时了解幼儿园目标，并充分挖掘家长的教育资源，使家长参与幼儿园的教育活动，有效地促进幼儿发展。为了让家长及时、全面了解幼儿园教育目标，配合幼儿园进行教育，教师们利用网络做到每周向家长公布周计划。如我们开展“秋叶飘”主题活动时，家长们在网页上看到了这个信息之后，马上主动上网查找、搜集相关信息，周一早上孩子们就拿着各种各样的图片，为教师更好地开展教育提供了资源。由此孩子们也深入了解到有关秋天的启蒙教育。网络上的信息使家长明确了幼儿园的教育目标，又使家长知道了为配合目标的落实自己应如何做。我们发现好多家长都有许多好的教育方法与经验，这些教育方法和经验通过家长在 QQ 群里的交流，对其他家长也会起到启发与借鉴的作用，值得推广。一个小小的帖子，沟通的是家长和教师的心，提升的是对孩子的教育效果。

这种家园联系虽然不能代替以往的家园联系工作方式，但却是幼儿、家长、教师三者之间开放、互动、友好交流的一个尝试，既弥补了有些家庭父母教育缺失的遗憾，又培育了家长、教师，促进了孩子更好地成长，形成了一道亮丽的风景线。

（马艳娥　朱　冉）

营造教师、孩子、家长共同成长的环境

学校教育的主体与家庭教育的主体携手合作，共同育人，立德树人的根本任务也就有了落地的途径和方式。这有利于教师、孩子、家长共同成长。这可谓是国之幸事，校之幸事，家之幸事！宛如一条清澈的涓涓溪流，滋养着教育之花绽放别样光彩。

专业的家庭教育理论从心理学、教育学等处，告诉父母教育孩子的过程中要注意的事情。家校沟通的意义在于，通过家长、教师的相互了解、沟通，充分剖析孩子平时的学习、生活习惯点，形成共识，从而为孩子营造一个适宜的环境，促进孩子的健康成长。

教师、家长可以通过了解真实的案例，智慧地处理家庭中的“麻烦事”，既能够习得宽容，主张孩子自由成长，又能结合实践，巧妙开展实践课，锻炼孩子的动手能力和面对困难的勇气。

开展“照镜子”阅读，能更进一步帮助家长梳理错误的育儿行为：当众批评孩子；夸大孩子的缺点；极少表扬孩子；夫妻的教子观念常常对立；用别的孩子挤兑自己的孩子；在孩子面前吵架；总用自己年轻时的事情

教育孩子;“过一天算一天”的生活态度;把“我都是为了你好”挂在嘴边;过于看重孩子的考试分数;把教育寄托给学校与寄托在请家教上;说到不做到,重言教、轻身教;按自己的认识给孩子定标准;总认为自己没有教育孩子的能力;总把物质奖励当成激励孩子的方法;对孩子有求必应;对孩子提出的问题不闻不问,不感兴趣;替孩子收拾所有弄乱的东西;总想探视孩子的隐私;总为孩子的失误找理由。了解了错误的育儿行为,明确知道自己离一个成功的家长有多远,就更加清楚要改变和努力的方向。

成长——纸上得来终觉浅,绝知此事要躬行。

新的一个学期开始了,3岁的豆豆上幼儿园了。当松开豆豆的手后,妈妈并没有立即离开,而是躲在教室外面。当听到豆豆的哭声,她禁不住泪流满面,有好几次都想冲进教室抱抱他。经过我们一番劝说,她终于一步三回头地回去了。下午离园时间还没到,焦虑的妈妈早就等在幼儿园大门外。门一开,她第一个跑进幼儿园,不管不顾周围的家长,更谈不上遵守接送秩序了。像豆豆妈妈这样担心、焦虑的家长其实还有很多。怎么办?当她参加了“家长学校”以后,我们利用家教理论,让她系统地学习一些心理学知识,掌握一些教育方法。这些知识,既有典型事例剖析,也有成功经验的介绍;既有学习方法的点拨,也有道德教育的良方;既有法律法规的讲座,也有义务、责任的明确,通俗易懂,形象生动。豆豆妈妈逐渐调整了自己的心态和行为。家长们一遇到问题,就和教师讨论,诸如“老师,孩子不理睬我,我又不能打他,该怎么办?”“老师,孩子最近老爱哭,怎么办?”等等。教师一方面指点家长,一方面去教育孩子,发挥了双重作用。

我园坚持把办好“家长学校”作为家庭教育的突破口,借助“家长学校”，提高家长的育儿水平，促进教师和家长形成教育的合力。顺航是大班的孩子，顺航的爸爸由于是军人，在家很少，即使回来探亲，对孩子也很严苛。顺航妈妈忙于做生意，对孩子的教育较为疏忽，言谈也比较随意，甚至在顺航妈妈的思想里一直存在着“顺航就是没用的孩子，自己不指望他怎样，他能顺利长大就好”的观点。有的时候，脾气急躁起来，顺航自己会忍不住学着妈妈的语气骂人。久而久之，顺航和同伴逐渐疏远，不说话，不一起游戏，也不理教师，有时候还会哭闹着不上幼儿园。为此，他没少被妈妈打骂，也因为如此，情况越发糟糕。后经过和顺航妈妈多次的深刻交流，我们帮助她首先从思想上扭转对孩子的认识，同时推荐家教书籍让她进行有重点的阅读。接着用图片、影像记录顺航在幼儿园的点滴进步。在疫情期间，更坚持通过电话或微信视频和顺航及其妈妈“见面”，并将优质家教理论文章拍成图片发送给顺航妈妈。在我们持续的交流、帮助下，顺航妈妈教育顺航的言行发生了改变。在家长和幼儿园两股力量的互相配合下，顺航一天天开心快乐起来。现在，顺航的阳光自信总会让我们由衷地竖起大拇指，而顺航妈妈的笑容也越发灿烂了。试想，我们如果没有把家教理论作为指导，又怎能打动顺航妈妈，让其育儿方式发生质的改变呢？又怎能让育儿平台逐渐构筑得坚实呢？

在现代教育理念的指导下，幼儿园教育延伸到家庭，家庭教育助力幼儿园成长，教师、家长在教子育人上逐步达成共识。随着家长责任意识提高，教子观念转变，家庭氛围营造得越来越好，幼儿就能够更愉悦地成长。

（张春荣）

第6章　家庭生活

回老家陪母亲吃顿饭

国庆放假后，我和妻子正在客厅收拾行李准备回老家，突然听到儿子的同学给儿子打来电话："兄弟，出来哟！我们几个同学正在外面等你过来玩！"

"以后吧！我等会儿要跟着爸爸妈妈去看望我奶奶！"儿子拒绝得非常明确。

"不去行吗？我们几个同学就差你一个人了。"对方在电话中好像还不甘心。

"不行，放假后首先要去看望奶奶，这是我们家的传统！"看到平时非常调皮的儿子，在这件事上能够斩钉截铁地回复同学，我甚为欣慰。

几年前，母亲和我们生活在一起，但随着年纪越来越大，行动开始不便，说话也渐渐口齿不清。她反复跟我说，要回老家生活。一开始，考虑到她的身体，我没有答应。但母亲对我说："我身体也就这样了，今天能活着，还不知道明天就咋的了，我还是回到老家好，死了就葬在你父亲身旁。你父亲安心，我也安心！"

母亲的坚持让我们非常为难，在老家的哥哥也劝我们："老家还有我们，你嫂子照顾妈也非常仔细，你们就依了妈吧!"没办法,我们只好把她送回老家去了。

母亲回家不久,赶上我们学校放假,我送走学生后,回到家里对妻子说:"我们马上收拾好行李,回家去看望妈!"

儿子有些不高兴:"好不容易放一次假,我们就在家休息,以后去看望奶奶不行吗?"

"不行,看望奶奶,不仅是出于我们对奶奶的孝心,更是我们的义务。她老人家以后不在人世了,我们回不回老家,可以根据我们的实际情况安排,但只要她老人家还在,我们就要去看望她。她一生养了这么多儿女,你有事,我有事,都不去看她,让她和孤寡老人有何区别?"我对儿子说道。

"你和妈妈去,我一个人在家不行吗?"儿子还是不愿意去。

"不行,其他的事情可以考虑,这件事不可能有回旋的余地。现在你能随意找个借口,不去看望奶奶,将来我们老了,你是不是也可以找个借口,不来看望我们?儿子,你要记住,看望老人是我们应尽的义务,而不仅仅是我们在对老人尽孝!"儿子听了我的话,乖乖地跟着我们回去了。

以后每到放假时间,我们的第一件事就是回老家去看望老人,这已经成了我们家的习惯。

这次国庆放假,车站人山人海,我们好不容易挤上班车。我和妻子都有晕车的毛病,再加上车上人太多,颠簸好几个小时,我们沿路呕吐不断。我们终于在集镇上下了车,来接我们的姐姐说:"在我们家吃了晚饭,再去看望妈妈吧!"

"我们还是先回去吧,我们是回来陪妈吃饭的!"我婉拒了姐姐的好意。

“嫂子在住院，你们回去了连做饭的人都没有，还是在我们家吃吧！”姐夫站在一旁，也诚恳地挽留我们。

“我们知道嫂子在住院，所以在家将饭菜都准备好了。我们必须回去陪妈吃饭，她活一天是一天，我们陪她老人家吃饭的机会不多了！”我的话让姐姐、姐夫都很感动，他们提出和我们共同回去看望母亲。

还没到家，我们远远地就看见母亲拄着拐杖，站在门口等待着我们。回到家里，扶母亲坐下，我问道：“您怎么知道我们要回来！”

“今——今——今天国庆节，我知道你们要来的，吃过午饭后，我就在门口望你们回来！”

“奶奶平时记不住时间，今天是国庆节，她记得特别准，早晨就说你们要来看望她的，今天起得特别早！”侄儿站在一旁替奶奶解释。

“嫂子生病了，在住院，这几天您怎么吃饭呀？”我关心地问母亲。

“到了吃饭的时间，你哥哥就将饭给我送来了，晚上也回来照顾我，你们不要担心！”听了母亲的诉说，我们放心了。

我陪母亲聊着天，妻子走进厨房，开始生火做饭，虽然对嫂子家里的厨房不很熟悉，但来之前，嫂子已经在家将饭菜准备停当，我们稍微热一下就行了。我们一群人围在母亲身边，母亲高兴，我们也愉悦。

到了吃饭时间，一位邻居来串门，笑着和妻子拉家常：“你们这么远来，就吃一顿饭，花上百元路费，还要忍受挤车、晕车的痛苦，还不如多给你妈几个钱！”

妻子笑而不答，姐姐说：“现在给我妈再多的钱也没用，她也走不动，拿着钱和捏着纸是一样的！”

“可以请人给她买想吃的东西呀！”邻居还是无法理解。

“就治我妈这病而言，现在最好的营养也许就是萝卜白菜了！”姐夫在旁搭话，“她现在不差钱，也不需要钱，只要我们经常来看望她，比给什么都好！”母亲在旁边听着大伙儿的议论，虽然搭不上几句话，但我们通过她的脸色，知道她今天很开心。

第二天，我们早早地吃过妻子做的早餐，准备回家，母亲结结巴巴地说：“你们忙，以后可以少来看望我，来一趟够累的！”

“奶奶，我们以后放假后的第一件事，还是来看望您！”听了大孙子的话，母亲脸上满是笑容。

（董建华）

在孩子心田播下爱心种子

上小学的女儿，如今已经开启了寒假模式。回想起数天前，孩子返校领假期相关材料时的情景，我至今仍对一个场景记忆深刻：拿到“寒假学习生活指南”手册的女儿，踏出校门，直奔到我面前，激动地告诉我，寒假里他们有项任务是参与一项公益活动。“是不是就像以前我们那样，用我们的爱心去帮助那些需要帮助的人啊？”我向女儿肯定地点了点头。

发生在女儿身上的一件小事，让我在心中思量了许久：就现在物质生活极其富足的孩子们而言，如何才能让他们的精神世界更富裕？如何让他们学着、学会用自己的能力去帮助身边更多需要帮助的人？家校共建，让孩子从小便有机会接触并参与力所能及的各类公益活动，这便成了助力孩子们向光、向善、向美成长的便捷途径。女儿简短的回答，也让我增添了几丝欣慰。我曾经无数次拖着不甚懂事的她跑农村、进社区、进单位，参加各种各样的公益活动，如结对帮扶农村留守儿童、爱心接力助农、“敬畏生命”实景教育……年纪还小的女儿或许对“公益”的概念及内涵不懂，但在她幼小的心田中，一颗爱心种子却正在悄悄地生根萌芽。

让孩子从接触公益开始。来淮十余年，身为记者的我，与公益活动相伴走过十余年，“牵手刘老庄留守儿童”大型公益活动，自己更是有幸参与了十余年。2018 年 9 月，该项目作为淮安市唯一精品公益活动在江苏省第二届志愿服务展示交流会上被展示推介，我有幸成为该公益项目的现场推介人。一场难得的公益盛会，让人整个心灵得到洗礼。后来我和老公商量决定，由老公带着当时只有五六岁的女儿赶到无锡活动现场，为我现场助阵的同时，更为了能够让女儿在现场通过亲眼看、亲耳听来接触公益，切身去感受公益的魅力和力量，去了解身边的好人及他们身上自带的榜样力量。不知道小小的女儿对那场公益盛会能够认知多少，但我坚信的是，带着她置身于公益氛围中，定是一种正能量的熏陶。

让孩子真正参与到公益活动中。女儿再大些，我便会经常带着她参加各种公益活动，走出家门，走出校门，走出城市。为了给一位结对帮扶的农村留守小哥哥准备一份合适的礼物，女儿毫不吝啬地拿出了压岁钱，亲自到文具店里仔细挑选。到农村学校把礼物送给小哥哥的瞬间，女儿激动又欣喜。近几年，她还会时不时地向我问起当初那个小哥哥后来如何了。去年 11 月底，受疫情影响，一位农民种植的花菜滞销。无奈之下他求助媒体，我成了本次“爱心助农在行动”活动的发起者与记录者。女儿见证了我为帮助农户一天接打过近百个电话，女儿还跟随我，大冷天赶到爱心超市，目睹农民连夜配送花菜的不易，更见证了爱心企业的助农接力。“妈妈，我们多买几棵花菜吧，帮帮这些农民伯伯吧！”对“公益”概念仍不太懂的女儿，用自己的行动奉献着自己的爱心，那几天家里几乎一天三顿炒花菜，女儿吃得更是津津有味。

我想成为心底有爱且有能力爱人的人，我也希望女儿能够成长为这样的人。爱心犹如一粒种子，我们如果想看到它开花结果，那要做的就是用心呵护其成长。在孩子心中，播下一颗爱心种子吧，默默地等待花开！

（秦艳艳）

第7章　灯下夜话

我们也曾是个孩子

一个家庭中，随着“小天使”的降临，家庭生活的快乐也就越发迷人。但是，随着“小天使”的成长，夫妇二人也会因“小天使”的教育而出现争执、分歧，甚至搞出较大的动静。在这里，笔者只想对年轻的夫妇说一句：“我们也曾是个孩子！”放慢自己的脚步，平复自己教育子女的心境，对子女的健康成长会更加有利。

“我们也曾是个孩子”的观点，会让家长保持一颗童心。家长保持童心，这是一件很艰难的事情。和孩子一起阅读童话故事书刊，和孩子一起观看动画片，和孩子一起玩耍，更重要的是对事物有好奇心，这些对于成人来说，是很难做得成功的。家长保持童心，就会从孩子的角度发现问题、看待问题和解决问题了。对于孩子将玩具全部拆开、将书画刊物撕成碎片、玩水等行为，家长就会消除“心灵手巧”或是“智慧”。

“我们也曾是个孩子”的观点，会让家长尊重、信任孩子。在孩子的世界里，尊重他、信任他，是至关重要的。孩子犯错误

了，能够将犯错的过程“还原”出来，让家长看得清楚，说得明白。对在学校里情况怎么样、有没有“受他人欺负”或者“欺负他人”等，孩子也会和盘托出，这让家长省心、省事了不少。尊重孩子、信任孩子、平等地对待孩子，有利于孩子形成健全的人格，初步形成正确的世界观。尊重孩子、信任孩子，是一个艰巨的任务，尤其是家长，要放下“高高在上”的身段，和孩子平等交往；有关孩子的事情，要事先征得孩子的意见再去做，或是让孩子自己做，而不能越俎代庖。

“我们也曾是个孩子”的观点，会让家长更愿意倾听孩子。做父母的都爱自己的孩子，希望自己的孩子一切正常——活泼、好学、懂事、听话。当孩子显得不正常时，例如，情绪低落、大哭大闹、好发脾气、厌恶学校、不可理喻时，家长常常感到无计可施，自己也变得情绪恶劣，只能运用做父母的权威，采取“高压政策”，简单粗暴地对待孩子。孩子的每一个“非正常”表现的背后都有一个正当的理由。他们是在宣泄精神或身体上的创伤所引起的负面情绪，是在呼唤成年人的关注以帮助他们更好地宣泄，从而获得最终的健康。所以，当孩子有“不正常”表现时，父母应该通过倾听，给孩子以最好的关注。倾听孩子是多方面的，但首要的是家长要摆正自己的位置，将尊重孩子和信任孩子放在第一位。

“我们也曾是个孩子”的观点，会让家长给孩子第二次机会以证明自己。因为孩子在成长的过程中会犯错误，会在纠正错误中成长，所以有经验的家长往往会给孩子第二次机会，让孩子从失败的阴影中走出来，从而培养孩子的自信心和自尊心。比如，让孩子洗碗，让孩子组装玩具，让孩子学骑车等等。因为在孩子的世界里，孩子自己动手才能体会到成功的喜悦。家长给孩子机会，让孩子成功，这多好啊！

“我们也曾是个孩子”的观点，就要求家长平等、公正、客观地看待孩子，用自己的“曾经”去对待孩子，而不能对孩子求全责备或是说三道四，更不能体罚孩子，甚至说孩子是“笨蛋”“傻瓜”之类。这样是不利于孩子的健康成长的。

（纪效成）

第8章 家教文萃

发现 挖掘 点燃

每个孩子都具有无限的潜能，具有各自的天赋、灵性和生命密码。他们像深埋在地下的宝藏一样，需要被发现、被挖掘、被点燃。而最适合的发现者和挖掘者，就是孩子的父母。

父母的一项重要职责，就是在养育和陪伴孩子的过程中，在孩子各类智能发育的关键期，敏锐地发现孩子的潜能，发现他们的先天禀赋，然后为孩子提供适宜的环境和条件，给孩子足够的刺激和帮助，努力为孩子打开智慧的大门。

要知道，孩子的很多潜能和天赋，如果没有被挖掘，没有被适时唤醒，就会一直处于沉睡状态，它们仅仅是一些潜质和发展可能，最终，或许就被闲置、被荒废了。即使是那些自然生长出来的"智慧嫩芽"，如果没有适宜的条件，没有被关注、被照顾、被滋养，或是遭受了"狂风暴雨"的打击和伤害，也同样会枯萎、会夭折。

现在开始，自觉学习一些关于孩子成长、关于家庭养育的知识吧，敏锐地发现孩子身上的潜能和优势，然后挖掘它、激活它、点燃它。这是教育的捷径，是为人父母的责任和使命，是家庭养育的智慧。

（廉福录）

以“蹦一蹦，够得着”为好

孩子的学习需要有目标，没有目标的学习，就像一个人在黑夜中摸索，没有终点和方向。学习失去了方向，孩子就很难有积极性和主动性，更不会为寻找最适合的学习途径而努力了。

每到新学期，朋友都和他的儿子一起制定学习目标。而每一次的目标也都非常全面，包括时间安排、追赶方向、提高名次等等。可是，令朋友苦恼的是，已经上了初中的儿子，好像从来也没完成过这些目标。“爸爸为我定的目标太高了，我根本不可能达到。”原来，朋友儿子的学习成绩一直在中游徘徊，朋友心里着急，每次都把“争取进入前十名”列在目标中，但这个要求对朋友儿子来说实在是可望而不可即的。

每位家长都盼望自己的孩子学习成绩优异。从孩子进小学起，父母就会不断地叮嘱孩子要争做班里第一、年级第一，以后上名牌大学。结果，许多家长感到失望，为孩子成绩不理想而怨气冲天。其实，学习成绩难以上进，原因不只在孩子，也可能是家长给孩子设了个不切实际的目标。太高的目标，让孩子觉得遥不可及，就会干脆放弃；太容易达成的目标，孩子不用努力就做到了，达不到激发孩子潜能的作用。

在孩子成长过程中，千万不要给孩子设立高不可攀的榜样。比如，你的孩子成绩是班里的最后一名，千万别让他跟班里的第一名去比，因为无论孩子多么努力，他也不可能一下子跃过班里几十名同学而成为第一。聪明的家长会对孩子说，下次考试争取达到班里倒数第二名，如果还是最后一名，至少分数能提高一至两分。这个小目标对孩子来说，多付出些努力就能实现。下次测验成绩出来后，如果孩子不再是最后一名，当然要表扬；如果还是最后一名，但分数略有提升，也应该及时给予肯定。在达到预期目标后，可以给孩子设定倒数第三名的目标。总之，设定的目标都要让孩子通过小小的努力能顺利实现。一个个小目标的不断实现会极大地提升孩子的成就感，从而让他感到原来学习是件很有趣的事情，更容易获得继续前进的勇气和信心，感受到学习的快乐和收获的喜悦。

俗话说："十年树木，百年树人。"培养孩子不可能是一朝一夕的事情，家长不要期望孩子能"一口吃成个胖子"。家长给孩子制定目标时一定不要好高骛远，而是要让孩子自己跟昨天的自己相比较。一天天地进步，一点点地超越，就会促进大梦想的实现。

（鲁庸兴）

第 9 章　忘年文苑

高原翡翠巴松措

从林芝到拉萨全程 400 余公里，且林拉高速也通车了，算算时间还比较宽裕，我们于是决定先去看看巴松措。

“措”在藏语中就是湖的意思，“巴松”在藏语中是“绿色的”，这样，“巴松措”就是“绿色的湖”。高原上的湖，大多是堰塞湖，面积不大，绝非洪泽湖、白马湖那样宽阔广大。巴松措算大的了，面积 6 000 多亩，但与洪泽湖比起来真是小巫见大巫。但是，它湖面海拔 3 400 多米，是国家森林公园和 5A 级景区。

景区的观光车把我们从入口处拉到第一个景点结巴村。这是一个原始工布风情的藏式村落，村里男女都穿着氆氇制成的“果秀”(毛呢长袍)，头戴黑白折围花裹毡帽。妇女腰戴银链，头戴首饰，背披一张猴皮坎肩，很是原汁原味，让我们感觉好像穿越了时代。

登上村头的观景台可以看到，近处的村落炊烟袅袅，鸡鸣犬吠，桃花灼灼；远处的雪山蜿蜒雄伟，金光夺目，云雾缭绕；眼前的湖水清澈靛蓝，雪山倒映其中，天地一色。好一派迷人的原始风光。

高原的天气真像三岁的孩子，脸说变就变。刚才还是蓝天白云，转眼间天色骤变，雪花纷纷扬扬地不期而至，小雨也跟着凑起了热闹。从旅行和摄影的角度讲，我们的心情都不悦。但是在车上仔细看看半山腰，云杉和松树都披上了一层薄薄的白纱，在茫茫的雨雪中傲然挺立，这也是难得一见的风景。不一会，观光车又把我们拉到了扎西岛。

真是不可思议，当我们下车的时候，雪停了，雨止了，天空变蓝了，雾气升腾了。我们踩着不断融化的小雪，避着坑坑洼洼的水塘，走向连接岸边和小岛的栈桥。一群小鱼在清澈见底、碧蓝碧蓝的湖水中来回游弋，等待游客施舍。

岛上有座寺庙叫措宗贡巴，"措宗"意为"湖中城堡"。措宗贡巴属木石结构，分上、下两层，供有许多佛像。大佛殿内有三尊巨大的佛像：正中是弥勒佛，盘坐在莲花台上，笑容可掬；左侧是千手观音；右侧是金童玉女。我正在聚精会神地观看着，几位僧侣忽然走了进来。为首的一位面容慈善，举止文雅，可能是一位高僧。他们边走边聊，我听不懂，只是紧随其后，瞅准机会偷偷地按下快门。还好，几位僧人善解人意，不但不反对拍照，还很配合。

"日出江花红胜火，春来江水绿如蓝。"我看过很多湖，见过不少水，但是巴松措的水给我的印象最深，它蓝得让人无法形容，蓝得叫人不敢相信。如果从空中俯视，巴松措就像镶嵌在高山峻岭中的一块翡翠，把雪域高原装扮得如同仙境。此景本应天上有，谁知降临巴松措？

（陈洪玉）

清江浦旧事

明清的清江浦，是京杭大运河边的一座重镇。

现在清江浦的浦楼，在里运河的中洲岛上——它是近些年新建的。它高大漂亮，人们上了楼，可以眺望东去的运河水、两岸的风景名胜、开阔的白云蓝天……

清江浦的老浦楼在哪？在中州岛向西，再向西，再再向西，现在淮阴发电厂的附近，里运河的南岸……

当年的老浦楼有味，砖木结构的，主要是砖，方方的，高高的，有当年的民房四五个高，在当时绝对是超高建筑。它站在运河岸，高高的，就是当年清江浦的地标……

清江浦当年可热闹啦！“细算千艘渡此河”，多少挂起风帆的漕船，从这如今已经不再有行船的里运河上经过。

清江浦好呀！特别是由北向东南行的船，走在运河上，一看见了高高站立的清江浦楼，船上的人就会兴奋起来：“清江浦到了！清江浦好呀！！”夕阳西下，运河被染成金红色。一些忙碌了一天的船工，从老远处一见到清江浦楼，就像到了家，疲劳没了，兴奋起来……船泊清江浦后，大家趁着夜色，再逛一下有名的十里长街，再尝尝街上那些小饭店的淮扬菜。

当年的清江浦楼，站立在运河边上。它有情感，有温度，高高地站立清江浦的运河边上，成为清江浦的地标。当年，数不清的过往船只上的船工，是把清江浦与浦楼联系在一起的。浦楼雄伟，清江浦好！

“不去大闸口，不知天下大。”当年的清江大闸不得了，在水中一站站了六百年，看过多少来来往往的行船！

* * *

前人写清江浦的诗很多，我最喜欢的是清代诗人龚自珍的《己亥杂诗》(其八十三)。就凭诗中“细算千艘渡此河”与“夜闻邪许泪滂沱”，清江浦人就应该感激他。“邪许”就是船工号子。龚自珍把当年清江浦漕运的繁盛永远地记录下来了。

前几年，我从本地晚报上读到一则消息——请当年的运河船工唱纤夫号子。遗憾的是，报纸上没有一句歌词。一打听，回答就是“没有歌词”。怎么会没有呢？纤夫号子不是今天的流行歌曲，先写词，再作曲，再演唱……它是触物起兴的、即兴的，并不是定型的。它统一意志，协调力量，就像当年农村的打夯号子那样。

那时，我正好生病，被困在家中，便一边查找资料，一边用手机进行采访。就在没有希望时，发现了希望——手机对面传来一句“管船的娘子备好了饭”，竟让一首《运河纤夫号子》从我心中哗地流了出来：

千斤了，嘿哟
万斤了，嘿哟
起锚了，嘿哟
动身了，嘿哟
开船了，嘿哟

我拉起纤来一身的汗
我拉起纤来一身的胆
抬起头来朝前看
运河上面都是船

努力拉纤莫偷懒
太阳就要落西山
努力拉纤莫偷懒

管船的娘子备好了饭

我相信,这曲纤夫号子就是龚自珍当年听过的“邪许”中的一支,它曾确确实实地响彻当年清江浦里运河的两岸!

* * *

民歌是天籁之音。

清江浦以及周边好几个地方的民歌都很出名。“哥撒网来妹划船,打条鱼儿三尺三。”这是水乡南闸的民歌。“哥唱秧歌妹心慌,秧苗插到脚背上。”这是金湖秧歌。而清江浦的民歌,大多数与船运有关。

我仿佛回到了当年的清江浦。月色如水,清江浦沉浸在无边的月色中。运河睡了,船上的油灯醒着;千家万户睡了,十里长街上小摊贩的电石灯醒着。在当年的越河街或七道湾的巷道深处慢行,会听到不知从哪家的窗户里传出的哀怨小调:“有女不嫁驾船郎,一年半年守空房。有朝一日回家转,带回一包脏衣裳。”还有的版本最后一句是“添油燃灯补衣裳”……

自然界有春夏秋冬的轮回,人间似乎也有春夏秋冬的轮回。天上的星还没完全散尽,运河堤上就有年轻的一男一女在告别,在分手。男的跑向了运河,跑上了船。河里泊着多少船,都醒了。那只船开了。

小伙子家的船开走了,高高的帆都看不见了。运河堤上,清江浦的小姑娘还站在河堤上,看着运河上的那只看不见了的船,哼起了动听的小调:

早上起来露水多,
茶叶鸡蛋煮三颗,
运河堤上送情哥。
船行千里哥记住,
妹在岸上等着哥。

(胡　健)

第 10 章　教师手记

一次有效的沟通交流

望子成龙，是所有家长的共同想法。家长总是希望自己的孩子能得到教师肯定性的评价。因此，和家长谈话时，教师应注意谈话的策略和技巧，尽可能多地对学生给予充分的肯定，把学生的优点、成绩、进步等尽量归功于家庭教育，而把学生的缺点、错误当作优化学校教育的鉴戒，这样才能进行更为有效的沟通。

班级有一位本地机关干部的孩子小林，他在校经常欺负同学，动辄与同学闹别扭，谁也惹他不起。有一次，他竟然和同学当堂闹矛盾，为此，班长气喘吁吁地到办公室向我告状："朱老师，小霸王又发作啦！请您看看去！"

我只能去教室将小林"请"进了办公室。谁知他到了办公室，就连我也不放在眼里！和他还没谈上几句话，他竟叫嚣着说："我爸爸是管你们的，看你能把我怎么样？"身为班主任的我，当时确实窝着一肚子火，真想当着他的面，打电话向家长数落、教训他。不过，当时我还是极力保持了冷静的头脑，决定对此事进行"冷处理"。

当天放学后，我约谈了小林爸爸。甫一见面，小林爸爸就说："朱老师，我的孩子性格有点倔，最近他在学校还可以吧?”

“当然可以。有其父必有其子嘛。”我接着充分肯定了孩子的优点,“小林聪颖自信,富有朝气,学习成绩一直比较优秀……”

“老师,您别尽挑好的说,孩子有什么缺点、错误,您就直说吧!别人的事情我都要管,自己的孩子怎么能不管呢?”

“您这种认真工作的作风我们是知道的,就连您的孩子也这么说,说我们都由您管。不过,我相信,您一定不会让孩子滋长这方面的情绪吧?”

“那当然。孩子是不是有这方面的毛病?”

这时,我便不失时机地接过话茬,不仅谈了孩子的毛病,并由此而说到周总理在这方面的远见卓识。周总理生前曾教育过我们党的高级干部要加强对子女的教育……

听完了我的一席话,小林爸爸深有感触地说:“朱老师,真是不好意思啊!我这也管,那也管,却恰恰忽略了管教自己的孩子。谢谢您今天对我的提醒!”

“您也不用太自责!”我安慰道,“小林这孩子品性并不坏,就是太高傲,脾气犟了点,如果……”

“好的!今天回去后,我一定和他好好谈谈心,让他尽快改掉这方面的坏毛病!”

“那就太感谢啦!我相信……”

我和小林爸爸的这次沟通交流,不仅气氛十分融洽,而且使我较好地取得了小林爸爸的信任,我们竟出乎预料地很快结成了家校教育同盟。

之后,在家长的配合下,小林渐渐改掉了以前的坏毛病,班上再也没有发生学生向我告状的现象。

(朱雪梅)

第 11 章　他山之石

手足情深

有两个兄弟为了母亲的遗产而争吵，双方各执一词，互不相让，外人难判谁是谁非。常言道："清官难断家务事。"兄弟俩最终反目成仇，互不来往，见面也形同路人。

这兄弟俩自幼形影不离，战争期间，相依为命，不料现在却为母亲的遗产反目为仇。

时间长了，两人都觉得这样不妥，分别到学者那里诉说情况，希望能与对方重归于好，恢复手足之情。学者趁机讲了一段故事：

在以色列某地，有两兄弟，哥哥已经结婚生子，弟弟还是单身汉。父亲死后，他俩平分了父亲的遗产。

苹果和玉米丰收之后，兄弟俩把它们公平地分成两份，储存在各自的仓库里。

弟弟想，哥哥是有家室的人，开支较大，生活肯定有难处，而自己单身一个，一人吃饱，全家不饿，自己不应该平分收成，便在夜里把自己所分得的收成搬一些到哥哥的仓库里。

哥哥也在想，自己已有妻儿，年老之后有人侍奉，弟弟仍旧孤身一人，应该为他储备积蓄，以供他结婚和养老之用。哥哥在这么想后，也在夜里把自己所分得的收成装进麻袋，悄悄地往弟弟的仓库里搬。

第二天，两人去仓库时，惊讶地发现仓库里的东西跟前一天相比，并没有减少。虽然心中纳闷，但脸上并没有表现出来。第二天晚上和第三天晚上，兄弟二人仍然重复着前一天晚上所做的事。

在第四天晚上，兄弟俩在搬运途中不期而遇，当他们发现彼此之间竟是如此关心对方时，连忙放下手中的东西，感动得相拥而泣。

为了母亲遗产而闹纠纷的兄弟俩听后大受感动，当着学者的面握手言和，欢乐地离去了。

（赛妮亚）

穿梭在桨声帆影中的童年

意大利利古里亚海是哥伦布成长的摇篮。

当还在牙牙学语的时候，小哥伦布就喜欢上了妈妈挂在纺织机边专门用来逗他玩耍的小帆船；他两三岁的时候，妈妈教他叠纸帆船；大约 4 岁时，小哥伦布就知道向父亲嚷嚷，要父亲为他雕刻各种各样的木头帆船。小哥伦布将这些木帆船放进大水盆里，一边用麻线牵引游弋，一边嘴里叫着人们听不懂的话语，玩得可带劲了。

小时候，哥伦布真正的学堂在热那亚的街头巷尾，还有深蓝色的地中海。那时，在海湾的沙滩地上，造船厂撑起许多巨大的帐篷。大板锯有节奏的锯木声、大铁锤将粗大的铁钉钉进船体的咣当声，以及造船工们合力将巨大的新船推向水中的吆喝声，汇成一曲曲生气勃勃的交响乐，经常在哥伦布幼小的心里回荡。

热那亚浓郁的航海气息深深地吸引着小哥伦布。小哥伦布常常与小伙伴在港口流连忘返。港口灯塔高耸，帆樯如林，宽大的石砌码头两旁停泊着大帆船、小板船、双尾战船、阿拉伯帆船、“卡拉克”大肚子货船。还有许多甲板上架着火炮的武装帆船，船上那些大家伙被防雨油布遮盖着，只向外露出黑漆漆的炮口，它们是专门用来对付海盗的。那些高耸的大大小小的风帆，有方形的、有三角形的，有雪白的、橘黄的、棕色的、红色的，好像翻飞的蝴蝶……

哥伦布和同龄的孩子沉浸在这迷人的“油画”中，他们凝望着、遐想着，常常激动得浑身的骨节嘎巴作响；他们在强劲的海风中追逐着，扭打着，把自己想象成凯旋的水手。

年龄稍大后，哥伦布已经能听懂港湾水手们的谈话了。他从那些水手的对话中知道，热那亚的商船可以驶向地中海的所有港口和大西洋岸边的城市和国家，如里斯本、伦敦、布鲁日、几内亚、突尼斯，还有爱琴海的希俄斯岛、黑海沿岸的费奥多西亚（古城卡法）等。商船从埃及运来了东方的香料、中国的丝绸和瓷器、印度的珠宝；从黑海运来了谷物、高加索的黄铜和波斯的地毯；从亚细亚运来了明矾和乳香……一句话，这些商船运来了数不清的财宝，让人羡慕不已。

有一天，当带着弟弟巴尔托洛梅奥正在港口玩耍的时候，哥伦布忽然看到一队身穿甲胄的武士，手持长矛驱赶着周围闲散的人群，然后，他们排队站在从码头到街头的石阶两旁，如临大敌……原来，他们在运送一批来自东方的胡椒——它们像黄金一样珍贵！

帆船、香料、黄金等财富——热那亚航海共和国日常生活中的奇迹，刺激着哥伦布从小就立志当一名水手。他也因此经常混在搬运工人中爬上船只，然后趁船老板不在时吃力地试图提起船上的大铁锚。

10 岁那年，哥伦布有了两次航海经历。一次是跟随父亲所在的货运船沿着利古里亚海海岸航行；另一次是向东……一阵狂风从半空中袭来，父亲操作桨舵，大声吩咐小哥伦布调整索具、改变帆位；小家伙使尽了力气，干脆降下了三角帆！儿子一连串利索的动作让父亲喜出望外，他觉得 10 岁的哥伦布在海船上跟在陆地上相比简直判如两人:在船上的哥伦布是聪明和机灵的,在陆地上的哥伦布常常痴痴地凝望着什么。

海边的孩子看惯了惊涛骇浪,总是勇敢和早熟的。1465 年,14 岁的哥伦布已经长大成人了,他开始接受船主雇佣,充当团队的少年见习水手,经常随船队在利古里亚海域为人运送货物,可以赚钱谋生了。

5 年之后,哥伦布第一次从热那亚向南航行到科西嘉,行程 300 公里以上。可以说这才真正开始了哥伦布的航海生涯。在海上,哥伦布津津有味地聆听同船水手们讲述海盗劫掠的惊险故事,还在船上遭遇过与海盗的战斗,真正感受了征服海浪冲击的愉快和大胆冒险的刺激。

(庄　斌　陈彬铨)